KB261468

경영, 사람을 향해 진보하라

고즈윈은 좋은책을 읽는 독자를 섬깁니다.
당신을 닮은 좋은책 — 고즈윈

경영, 사람을 향해 진보하라

이만중 지음

1판 1쇄 발행 | 2006. 6. 20.
1판 5쇄 발행 |2015. 5. 15.

발행처 | 고즈윈
발행인 | 고세규
신고번호 | 제313-2004-00095호
신고일자 | 2004. 4. 21.
(121-896) 서울특별시 마포구 동교로13실 34(서교동 474-13)
편집팀 02)325-5676 팩시밀리 02)333-5980

값은표지에있습니다.
ISBN 89-91319-69-6

고즈윈은 항상 책을 읽는 독자의 기쁨을 생각합니다.
고즈윈은 좋은책이 독자에게 행복을 전한다고 믿습니다.

이만중의 기업경영 인생경영 에세이

경영

이만중 지음

사람을 향해 진보하라

고즈윈
God'sWin

고집스런 삶을 살아온 내 곁에서
인내와 격려로 늘 든든한 후원자가 되어 준
아내와 가족들에게 바칩니다.

몇 해 전 어느 날, 사무실 분위기가 왠지 다르게 느껴졌다.
은밀하면서도 분주한 느낌. 처음엔 그저 직원들이 새로운
아이디어를 짜내느라 그런가 보다 했다. 그러다가 문득 본 달력,
아차! 내 생일, 그것도 환갑(還甲)이 코앞이었다. 마음은 아직도
청춘이고, 무슨 일이든 못할 게 없고, 해야 할 일이 더 많은데…,
남의 이야기로만 알았던 환갑이 현실로 다가온 것이다. 그래도
조용히 지내자고 미리 일러 온 터라 별일이야 있을까 싶었다.
그러고 나서 며칠 뒤인 환갑 당일. 하루 종일 사무실이 조용하다
싶었는데 저녁 6시가 되자 직원들이 나를 거의 반 강제로 7층
강당으로 떠밀 듯 데려갔다. 어느새 형형색색 고무풍선으로 치장된
강당에는 아내가 와 있었고, 작은 케이크도 준비되어 있었다. 강당
중앙 테이블 위에는 선물들도 놓여 있었다. 부담되는 선물은
주고받지 말자는 내 소신을 아는지라 모두 1만 원대 미만의
것들이었다. 그중에는 심지어 때밀이 수건도 있었다. 마침 중국
직원들도 연수를 와 있던 터라 그들도 예쁜 한복을 빌려 입고 함께
자리하고 있었다. 그야말로 국제적인 환갑 파티가 되어 버린
것이다. 나이 먹는 일이 뭐 자랑인가 싶어 직원들을 불러 만류했다.
그러나 직원들은 단호했다.
"자식이 부모 환갑상 차려드리는 건 당연한 일 아닙니까?"
순간 가슴이 뭉클해져 왔다.
'자식이라? 우리 직원들이 나를 정말 부모처럼 생각한다는
말이구나….'
이미 손자 손녀까지 둔 할아버지이긴 하지만 사실 환갑잔치를

한다는 것이 썩 내키지는 않았다. 마치 이만큼 나이 먹었다는 확인 도장을 찍는 일 같아서 기쁘지만은 않았던 것이다. 그래서 그날 나는 가족들과 함께 평소처럼 조용히 저녁 식사나 하자고 얘기해 둔 상태였다. 그런데 나도 모르게 직원들이 환갑잔치를 준비한 것이다. 나 개인을 위해 직원들이 수고한 것이 미안하고 황송했다. 그렇다고 비밀리에 잔치를 준비한 직원들의 정성을 무시할 수는 없기에 너무도 감사한 마음으로 그들이 마련해 준 환갑상을 받기로 했다.

회사에서 직원들에게 환갑상까지 받아 본 나는 (주)보끄레와 (주)올리브데올리브라는 여성의류회사 사장이다. 아니, 사장보다는 최고경영자(CEO)라는 표현이 더 적합할 듯하다. 사장이라고 하면 왠지 '소유자'라는 느낌이 강하게 들기 때문이다. 우리 회사는 어디까지나 직원들이 주인이기를 바라는 회사이고, 나는 우리 회사가 넓고 거친 세상이라는 바다를 헤쳐 나갈 수 있도록 항로를 잡고 선원들을 독려하는 선장 역할만 하고 싶다. 이는 나의 진정한 바람이다. 흔히 말하는 '주인의식'이 우리 회사에서는 단지 회사에 충성하라는 뜻의 슬로건이 아니다. 모든 것을 주인의 눈으로 볼 때와 객(客)의 눈으로 보는 것의 차이는 실로 엄청나다. 객의 눈에는 안 보이는 작은 문제들도 주인의 눈으로 보면 보인다. 이런 훈련을 통해서 회사는 물론 개인도 성장하게 되는 것이다.

지난 세월 동안 이런 회사를 만들기 위해 부단히 노력해 왔다. 환갑잔치 준비를 하면서 직원들이 사장이라는 호칭 대신 '부모'라고 말했을 때, 나는 아주 소박하지만 마음꽃이 활짝 핀

그들의 따뜻하고 진심 어린 마음을 느끼면서 이 세상 어느
누구보다 행복했고 감동했다. 새삼 숨 가쁘게 달려온 지난날들이
파노라마처럼 머릿속을 스쳐 갔다. 고난도 많았고 갈등도 많았고,
기쁨 또한 많았다.
그날의 얘기를 전해 들은 내 오랜 친구들이 이런 제안을 했다.
"이 사장, 당신의 경영철학과 살아온 이야기들을 책으로 한번 써
보지 그래. 정말 남다르고 우여곡절도 많았잖아?"
"사업하는 사람은 누구나 다 마찬가지야."
나는 웃어넘기려 했다.
"당신처럼 맨땅에 헤딩하기 식으로 사업을 일으킨 사람이 어디
있나? 그리고 말이야, 돈만 벌려고 하지 않고 어떻게 하면 사회에
공헌하면서 사업할 수 있을까 고민하는 사람이 어디 그리 많은가?
또 직원들이 사장을 스스럼없이 '아버지'라고 부르는 회사가 세상
어디에 있어, 안 그래? 그러니 당신이 그 이유들을 좀 정리해 봐.
나도 좀 읽어 보게."
친구들은 박장대소를 했다. 덕담이려니 하고 흘려들었지만, 그
순간 무언가 끌리는 게 있었다. 말은 흘러가 버리면 그만이다.
필요한 사람들에게 들려주고 싶은 다양한 생각과 경험들이 내 기억
속에 남아 있기는 하지만 필요할 때마다 꺼내 쓰기란 쉽지 않고
기록되지 않은 기억은 완전할 수도 없고 보존될 수도 없다.
우리 회사는 이제 한국에 있는 직원만 해도 700여 명, 중국 현지
직원까지 합하면 1,500명이 넘는다. 나는 대식구를 거느린
가장(家長)인 셈이다. 사업 초창기에는 직원들과 함께 이야기를

나누며 나의 생각과 경험을 들려줬지만, 이제는 그럴 만한 시간 여유마저 줄어들었다.

언젠가 자식들에게 참고가 될 얘기들을 정리해 볼 생각은 있었지만 내가 살아온 인생이 성공적이라 할 수도 없고 남에게 내세울 것도 없으면서 막상 책을 낸다고 생각하니 몹시 부끄럽고 두려웠다.

하지만 어차피 인생은 누구나 한 번밖에 살 수 없는 것이기에 그 삶이 성공적이었든 실패작이었든 글로나마 남의 다른 인생을 느껴 보면서 그 속에서 무언가 한 가지 지혜라도 얻을 수 있다면 그 또한 의미 있는 일일 수도 있겠다는 생각이 들어 용기를 내게 된 것이다.

나는 지난날의 기억을 더듬기 시작했다. 가난하고 힘들었던 어린 시절, (주)코오롱에서의 18년 세월, 부도 직전의 공장을 맡아 돌아오는 어음 막느라 피를 말리던 시절, 내 회사를 처음 세워 원단 개발을 위해 하루 24시간 일하던 기억, 그리고 보끄레를 창립하고, 중국으로 진출하고…. 또 나와 인연을 맺은 사람들은 얼마나 많았던가. 삶에 대한 고민으로 지새웠던 숱한 불면의 밤들과 그 결실로 힘들게 얻어 낸 인생의 진실과 정녕 소중한 가치들….

사람들은 나를 여성의류 분야에서 성공한 CEO라고 하지만 나는 지금까지 '성공했다'고 '과거형'으로 생각해 본 적이 없다. 다만 '현재진행형'으로 열심히 일하고 있을 뿐이다.

기업인에게 성공이란 무엇일까. 세계적인 기업으로 회사를 키우는 것, 엄청난 액수의 자산을 축적하는 것, 수많은 사람들을 고용해 먹여 살리는 것, 과연 그런 것들뿐일까? 이 모든 것들도 중요하긴 하지만 성공한 기업가의 충분조건은 아니다. 그 못지않게 성공한

기업가는 자기 일 자체를 사랑하며 후배들과 직원들에게, 그리고
사회에서 도움이 필요한 이들에게 얼마나 진심으로 신뢰와 애정을
갖고 봉사할 수 있느냐에 달려 있다.
나는 여전히 할 일이 많다. 지금도 내 분야에서 진정으로 성공하기
위해 노력하고 있는 한 사람일 뿐이다. 내 손길을 필요로 하는
사람들 또한 많다. 늘 시작이라는 생각으로 살아가는 나는, 그
새로운 시작을 위해 그동안의 생각과 경험을 이 책에 담아 보기로
했다. 부족하지만, 지난 60여 성상(星霜)을 살아오면서 겪은
실제적이고 구체적인 내 삶의 기록들이 누군가에게 희망을 갖게
하는 작은 단초라도 되기를 바라면서 글을 시작한다.

2006년 6월

이 만 중

1부

보이지 않는 가치에 집중하라

회사를 운영하다 보니 여러 사람들을 만나게 된다. 그중 어떤 사람들은 스스로를 과소평가해서 좀처럼 주어진 영역을 뛰어넘으려 하지 않는다. 반면 어떤 사람들은 자기 주변의 인적자원을 폭넓게 활용하면서 문제를 해결할 방도를 찾는다. 모든 문제가 항상 노력만으로 순조롭게 해결되는 것은 아니다. 하지만 부딪혀 보기도 전에 지레 안 될 것이라고 포기하면 아무것도 얻지 못한다. 목적을 위해 최선을 다하다 보면 더 많은 일을 이룰 수 있기 때문이다. 돌이켜 보면 부산출장소에서 보낸 세월은 단순한 직장인의 삶이 아니었다. 눈에 보이지 않는 '인생의 자산(資産)'을 쌓은 시절이었다. 당시 나는 26살, 그리 많은 나이도 아니었으나 내가 결정해야 하는 일들은 대단히 중요했다. 회사에 막대한 손해를 입힐 수도 있었고 큰 이로움을 가져다 줄 수 있는 결정들도 많았다. 그렇다 보니 한 가지 사안을 결정할 때에도 깊이 고민하는 습관이 몸에 배었다. 그 시절 업무 관계로 만난 분들은 대개 50대 이상이었다. 이런 분들의 경험을 듣고 생각하고 실제로 적용해 보는 과정을 통해 많은 무형자산을 쌓을 수 있었다. 어떤 일이든 주어진 업무를 우직하고 묵묵히 수행하다 보면 자신에 대한 신뢰와 경험이 저절로 쌓인다는 것도 깨달았다. 직장인으로서 조숙(早熟)할 수 있었던 것이다. 그때 업체 사장님들이나 담당자들을 그저 하청업체의 약자, 나에게 잘 보여야만 하는 사람들로 생각했다면, 아무것도 얻지 못했을 것이다. 그랬다면 때되면 월급이나 받고, 그들이 건네는 향응이나 적당히 즐겨 가며 허송세월을 보냈을지도 모른다. 부산출장소를 떠나 본사로 올라온 나는 원사 판매를 담당했다. 이 시절에는 실의 품질이 그다지 좋지 않았다. 그래서 원사를 팔 때마다 클레임이 잦았다. 품질이 나쁘니 당연한 결과였다. 하지만 그중에는 품질이 좋은데도 생떼를 쓰는 사람들 또한 흔했다. 그러다 보니 나로서는 과연 실이 정말로 나쁜 것인지, 아니면 실을 산 구매자가 떼를 쓰는 것인지 원인을 정확히 파악해야 했다. 클레임의 원인을 분석해야만 했다. 판매담당인 내가 할 일은 아니었지만 원인을 알아야 무엇이 옳고 그른지 정확한 판단을 내릴 수 있다고 생각했다. 그런데 원인 분석이란 게 사무실에 앉아서 생각만 한다고 되는 일이 아니었다. 당시 코오롱은 일본 도레이 사와 기술합작을 하고 있었다. 경영학 전공인 나는 기술은 전혀 모르는 상태였다. 결국 나는 애프터서비스 담당자들, 때로는 일본 기술자들과 함께 우리 제품을 쓰는 공장이란 공장은 안 가 본 데가 없을 정도로 돌아다녔다. 현장의 불만과 클레임이 걸리는 이유를 직접 알아보기 위해서였다. 그런데 실의 품질에 문제가 생긴 원인에 대해서는 갑론을박이었다. 어떤 기술자들은 자신의 잘못을 인정하지 않으려 했다. 누구의 주장이 옳고 그른지를 정확히 판단하려면 내가 기술적 소양을 갖춰야 했다. 모르면 전적으로 그들의 말에 의지할 수밖에 없었으므로, 정확한 판단을 내리는 데 한계가 있었다. 정확한 판단을 하려면 원사에 대해 기술자 못지않은 지식을 쌓아야 했던 것이다. 그렇게 몇 년을 공부하면서 일하다 보니 나 역시 기술자가 다 되어 버렸다. 이후부터는 우리가 잘못한 부분은 그 손해를 우리가 책임지고, 구매자의 억지는 구매자의 잘못이라고 주장할 수 있게 되었다. 내가 모르는 분야라고, 내 일이 아니라고 해서 뒷짐만 지고 있거나 다른 이의 판단에만 전적으로 의존한다면 배울 수 있는 것이 없고, 발전이 적다. 직장생활은 그저 월급 봉투만을 위한 것이 아니다. 자신의 소중한 시간과 노력, 인생을 투자하는 일이다. 이왕이면 그 시간에 많은 것을 배우고 익히는 것이 중요하다. 소극적으로 전임자의 경험을 그대로 답습하는 태도도 바람직하지 않다. 능동적인 태도로 무언가 하나라도 더 개선하려고 노력해야 한다. 그런 태도가 회사와 개인을 풍요롭게 할 수 있다. 만일 당시 우리 제품의 품질이 좋아 아무런 클레임 없이 일할 수 있었다면, 아마도 나는 전표를 발행하거나 돈 받는 일 외에는 그토록 많은 업무를 배우지 못했을 것이다. 4년 정도 원사 판매를 담당한 뒤 다시 원단사업부로 자리를 옮겼다. 1973년이었다. 원사 판매 때 경험한 클레임들이 원단사업부에 와서 원단을 개발하는 데 그렇게 큰 힘이 되리라고는 생각지 못했다. 그리고 그때의 경험들이 섬유공학과 출신 개발담당자들을 지휘하는 데 아주 요긴한 무기가 되어 주었다. 생산 중에 사고가 나거나 하면 그들보다 내가 더 정확하게 원인을 찾는 경우가 많다 보니, 경영학과 출신이라고 나를 만만하게 대할 수 없었던 것이다. 요즘 사람들의 가장 큰 관심사 가운데 하나는 돈이 아닌가 싶다. 살아가는 데에는 반드시 돈이 필요하다. 돈을 많이 번다는 것은 좋은 일이고 격려할 일이다. 오죽하면 '개처럼 벌어서 정승처럼 쓰라'는 말이 있을까? 그런데 정말 그럴까. 내 생각은 조금 다르다. 돈은 어떻게 버느냐에 따라 그 가치가 달라진다. 고향인 경기도 양주(楊州)에서 초등학교를 다닐 때로 한국전쟁이 막 끝났을 무렵이었다. 다들 어렵게 살던 시절. 집에서 2킬로미터 남짓 되는 거리의 학교를 동생과 함께 걸어 다녔다. 우리 형제는 5녀 2남, 위로 누나가 다섯이었고, 그 다음이 나였다. 내가 집안의 장남이었고 남동생이 있었다. 제법 따스한 바람이 불던 어느 봄날, 동생과 함께 학교에 가려고 집을 나섰다가 집 어귀 골목길에서 우리는 그대로 멈춰 서 버렸다. 나는 두 눈을 비볐고, 동생 역시 깜짝 놀라며 눈앞에 펼쳐진 광경을 그저 바라보고 있었다. 우리 형제 앞에 놓인 것은 바로 돈이었다. 길 한복판에 지폐들이 어지럽게 널려 있었다. 지금 돈으로 치면 20~30만 원은 되지 않을까 싶다. 그렇지만 어린 우리에게는 매우 큰돈이었기에 누가 볼새라 얼른 돈을 모두 주웠다. 그러고는 떨리는 가슴을 안고, 군것질도 하고 학용품도 사고 이런저런 계획을 세웠다. 그날 저녁이었다. 아버지께서 동네사람 전(全) 씨가 돈을 잃어버렸다고 말씀하셨다. 돈을 잃어버린 사람이 소문을 낸 모양이었다.

1

유혹의 순간들과 아버지의 회초리

요즘 사람들의 가장 큰 관심사 가운데 하나는 돈이 아닌가 싶다. 살아가는 데에는 반드시 돈이 필요하다. 돈을 많이 번다는 것은 좋은 일이고 격려할 일이다. 오죽하면 '개처럼 벌어서 정승처럼 쓰라'는 말이 있을까? 그런데 정말 그럴까. 내 생각은 조금 다르다. 돈은 어떻게 버느냐에 따라 그 가치가 달라진다.

이놈이 도둑놈 아니냐

고향인 경기도 양주(楊州)에서 초등학교를 다닐 때로 한국전쟁이 막 끝났을 무렵이었다. 다들 어렵게 살던 시절, 집에서 2킬로미터 남짓 되는 거리의 학교를 동생과 함께 걸어 다녔다. 우리 형제는 5녀 2남. 위로 누나가 다섯이었고, 그 다음이 나였다. 내가 집안의 장남이었고 남동생이 있었다.

제법 따스한 바람이 불던 어느 봄날, 동생과 함께 학교에 가려고 집을 나섰다가 집 어귀 골목길에서 우리는 그대로 멈춰 서 버렸다. 나는 두 눈을 비볐고, 동생 역시 깜짝 놀라며 눈앞에 펼쳐진 광경을 그저 바라보고 있었다. 우리 형제 앞에 놓인 것은 바로 돈이었다. 길 한복판에 지폐들이 어지럽게 널려 있었다. 지금 돈으로 치면 20~30만 원쯤 되지 않을까 싶다. 그렇지만 어린 우리에게는 매우 큰돈이었기에 누가 볼세라 얼른 돈을 모두 주웠다. 그러고는 떨리는 가슴을 안고, 군것질도 하고 학용품도 사자고 이런저런 계획을 세웠다.

그날 저녁이었다. 아버지께서 동네사람 전(全) 씨가 돈을 잃어버렸다고 말씀하셨다. 돈을 잃어버린 사람이 소문을 낸 모양이었다. 그런데 순진한 동생이 우리가 그 돈을 모두 주웠다고 무심코 말해 버렸다. 아버지는 곧장 되물으셨다.

"그래? 그 돈을 어쨌느냐?"

아버지는 무척 엄하셨다. 딸 다섯을 내리 낳은 후 얻은 아들이었지만, 조금도 편애가 없으셨다. 오히려 더 엄하게 가르치셨다. 나는 주머니 속에서 돈을 주섬주섬 꺼냈다.

"회초리 가져오고 다리 걷어!"

나는 당황했다. 마땅한 변명거리도 떠오르지 않았다. 이미 엎질러진 물이었다.

"돈을 주웠으면 당연히 주인을 찾아주려고 해야지, 어찌 그 돈이 네 주머니에 들어 있어. 길에서 주웠다고 그게 네 돈이야? 이놈이 도둑놈 아니냐!"

그날 아버지의 매질은 매서웠다. 목침에 올라선 내 종아리에서는 피가 터지고 회초리도 부러져 나갔다. 다섯 누나들과 어머니 또한 어쩔 줄 몰라 했지만 아버지를 말리지는 못했다. 나는 엉엉 울면서 잘못했다고 연방 빌었지만 매질은 쉽사리 멈추지 않았다. 동생도 파랗게 질려 있었지만 매는 맞지 않았다. 아버지는 언제나 나만 혼내셨다. 형이 혼나는 모습을 보면서 깨닫게 하신 것이다. 난 어린 마음에 그런 동생이 얄미울 때가 많았다.

나는 유독 많이 맞고 자랐다. 사소한 잘못에도 가차 없이 회초리가 따라왔고 종아리는 늘 줄무늬 얼룩말 같았다. 마을 어른에게 깜박 잊고 인사를 못하고 지나쳐도, 애교로 봐 줄 수도 있는 사소한 거짓말도 그냥 넘어가시는 법이 없었다. 그럴 때면 나를 때리는 저 분이 과연 친아버지가 맞을까 하는 생각이 들 정도로 아버지는 엄하셨다.

중학교 1학년 때까지도 아버지에게 종아리를 맞았는데 일단 매를 들면 적당히 하시는 법이 없었다. 매를 드셨다 하면 종아리가 터졌다. 한없이 자애로운 분이셨는데, 매질을 하실 때만은 어찌나 모질던지 지금도 그때를 생각하면 종아리가 따갑고 아릿해 온다.

'정직'을 평생의 가르침으로

1967년, (주)한국나일론에 입사해 1년이 조금 지났을 무렵 부산출장소 소장으로 발령받았다. 그때가 26살이었다. 1957년 설립된 한국나일론은 (주)코오롱의 전신이다. 출장소장직은 보통 입사 3년차쯤 되어야 파견되는 직책인데 조금 이례적인 경우였다. 직원은 나를 제외하고 3명이 더 있었다. 업무는 부산항으로 들어오는 회사의 수입물품을 보세 운송하거나 통관하는 일이었다.

그런데 일을 하는 과정에 이런저런 유혹이 적지 않았다. 크고 작은 이권(利權)이 얽혀 있어서 선박회사나 하역회사, 운송회사 등에서 가만두지를 않았다. 그들로부터 다양한 형태의 접대나 금전적인 유혹을 수없이 받았다. 당시 우리 집안은 겨우 하루 세 끼 굶지 않을 정도로 형편이 좋지 않았다. 25살의 나이로 첫 직장을 잡았을 때 아버지는 이미 칠순에 가까운 노인이었고 대학시절에도 가정교사 아르바이트 등으로 간신히 학비를 조달했을 정도였다.

이처럼 어려운 여건 속에서도 너무도 단호하게 그 많은 유혹들을 뿌리칠 수 있었던 것은 마음이 약해질 때마다 아버지의 매서운 회초리가 떠올랐기 때문이다. 혹 아버지께서는 장차 내가 그런 유혹을 받게 되리라는 걸 알고 그리도 호되게 꾸짖으셨던 게 아닐까.

종아리 맞을 일이 없는 지금, 사랑의 매로 내게 사람의 '도리(道理)'와 '정직(正直)'을 각인시키려 하신 아버지가 고맙고 그립다. 어린 시절 아버지의 회초리는 커서도 옳지 않은 길이나 부정한 길을 피해 갈 수 있게 해 준 이정표가 되었으며, '정직' 이야말로 인생의 가장 소중한 가치라는 것을 깨우쳐 준 엄한 가르침이었다.

어떻게 제때에 원료를 공장으로 보낼까

부산출장소에서의 생활은 쉽지 않았다. 무엇보다 독립적으로 판단하며 일해야 하는 점이 힘들었다. 조직 규모가 작기 때문에 업무를 협의하고 지시해 줄 상급자가 따로 없었다. 그래서 쉽게 결정하기 어려운 일은 바로 위의 상급자 입장에서 생각하고, 그래도 어려운 경우에는 그보다 더 위에 있는 상급자의 입장에서 다시 생각했다. 그래도 결정하기 힘들 때에는 오너의 입장에서 생각하기를 거듭했다.

이런 업무 특성과 습관 덕에 부산출장소 생활은 내 인생의 터닝 포인트가 되었다. 조직 안에서 수동적으로 맞물려 돌아가는 부속품이 아니라, 주인의식을 가지고 임할 때에만 나도 보람을 찾을 수 있고 회사도 성공할 수 있다는 사실을 수시로 체험했다.

부산출장소장으로 일한 지 1년쯤 지났을 때였다. 그날은 토요일이라 오전 근무를 마치고 퇴근하려는데, 대구 공장 공장장에게 전화가 왔다. 소장이긴 하지만 그때 나의 직급은 주임이었다.

"이 주임, 오늘 A호에 카프로락탐(Caprolactam) 250톤이 들어오는데 작업 공정상 오늘밤에 운송을 해 줘야겠어."

카프로락탐이란 나일론 원사(原絲)를 뽑는 원료를 말한다. 이 원료를 기계 속에서 녹여서 실을 뽑는 것이다.

"아니, 카프로락탐이 들어온다고요?"

깜짝 놀랐다. 금시초문이었다. 전화기를 든 채 급히 선적서류를 뒤져 보았지만 어디에도 A호로 화물이 들어온다는 기록은 없었다. 보통 선적서류 사본은 최소한 일주일 전쯤 도착하는데, 어느 날 어느 배에 무엇이 얼마나 실렸다는 내용을 송장(invoice) 포장명세서(packing list) 선하증권(B/L) 사본과 함께 보내온다. 그러나 아무리 뒤져 봐도 카프로락탐에 관한 선적서류가 없었다. 매우 당황스러웠다.

"아무리 찾아봐도 선적서류 사본도 없고 또 사전에 어떤 연락도 받은 바가 없습니다."

"그래? 분명 오늘 도착한다고 알고 있는데?"

"다시 확인해 보겠습니다."

전화를 끊자마자 서류들을 뒤지고 또 뒤졌지만 그런 선적기록은 없었다. 혹시나 해서 부산항에 어떤 화물들이 들어오고 나가는지를 매일 알려 주는 적하목록도 살펴보았지만, 우리 회사 물건은 없었다. 착오가 생긴 게 분명했다. 대구 공장으로 다시 전화를 걸었다.

"적하목록에도 없습니다."

"아이고, 이게 무슨 일이야? 큰일 났네."

나 역시 식은땀이 흘렀다. 오늘밤까지 원료를 보내지 못하면 공장 가동을 중단해야 한다고 했다. 그것으로 끝나는 문제도 아니었다. 원료를 녹여서 기계에서 실을 뽑는데, 만약 기계가 멈추면 기계 속에 흐르던 원료가 서로 엉겨 붙고 만다. 그렇게 되면 기계를 분해해서 녹아 붙은 원료를 걸어 내야 하는데 이 작업만 해도 3일이 소요된다. 엄청난 시간적 금전적 손실이 발생하는 것이다.

나는 공장장에게 화물을 한 번 더 찾아보겠다고 말한 뒤, 황급히 하역회사들에게 연락을 했다. 1년 동안 함께 일했던 터라 막역한 사이로 지내고 있었다.

"부장님, 우리 원료를 실은 배가 오늘 입항을 한다는데 선적서류도 안 왔고 연락도 못 받았어요. 서류가 일찍 왔어야 하는데 뭔가 착오가 생긴 모양입니다. 죄송하지만 하역 인부들을 잠시만 대기시켜 주실 수 있겠습니까? 만약 화물이 확인되면 물건을 바로 하역할 수 있게요."

세관원의 검은 유혹

그때부터 혼자서 이리 뛰고 저리 뛰고 하는데 하역회사로부터 연락이 왔다. 드디어 어느 배 맨 밑바닥에 실린 카프로락탐을 발견했다는 것이었다. 선적서류가 넘어오지 않아 까맣게 모르고 있었던 것이다. 일단 찾긴 찾았지만 문제는 간단하지 않았다. 세관에 신고를 하고 보세 운송 면장이 떨어져야 보세 운송이 가능한데 선적서류가 없으니 화물을 운송할 수가 없었던 것이다. 나는 우리 물건이 보세창고로 들어가기 전에, 부두 현장을 관리하는 세관원에게 사정을 이야기했다.

"원료가 떨어지면 공장 가동이 중단돼서 엄청난 피해를 입게 됩니다. 우선 3트럭 분량만이라도 싣고 가서 일단 공장이 돌아가도록 한 뒤, 월요일에 서류를 갖춰 절차를 밟을 수 있도록 부탁드립니다."

"어허, 이 사람! 서류 없이 어떻게 보세물건을 내줘요? 잘못했다간 내 모가지가 날아갑니다. 내줄 수 없다는 건 더 잘 알잖아요?"

물건을 눈앞에 두고도 가져갈 수 없는 상황이었다.

"한 번만 봐주십시오. 공장에 원료 재고가 조금이라도 남아 있다면 이런 부탁을 드리지도 않습니다."

"아니, 부탁할 걸 부탁해야지. 안 된다니까!"

그렇다고 물러설 수 있는 상황이 아니었다. 나는 공장 가동이 멈추면 결국 국가적인 손해다, 그동안 아무런 문제없이 해 오던 일이 아니냐, 문제가 있으면 내가 책임지겠다며 거듭 부탁했다. 그런데 내가 계속 물고 늘어지자 그는 한참을 생각하더니 이렇게 말했다.

"그렇게 사정이 급하시오?"

"그렇습니다. 이번만 좀 도와주십시오."

"방법이 아주 없는 건 아닌데….'"

세관원이 말끝을 흐렸다. 그러더니 낮은 목소리로 속삭였다.

"정 그렇다면, 15만 원만 준비하시오."

뜻밖의 요구였다. 그동안 하루가 멀다 하고 봐 오던 사람이었다. 전혀 예상치 못한 말에 그의 얼굴이 순간 낯설게 느껴졌다. 당시 내 월급은 2만 8천 원이 조금 넘었다. 15만 원이면 월급의 7배에 해당하는 금액이었다. 금액도 금액이지만 물건을 가져가겠다고 뇌물을 준다는 것은 생각조차 하기 싫었다.

공장 가동 중단이라는 피해를 줄이기 위해 뇌물을 준다? 회사 전체로 보면 차라리 15만 원을 주는 것이 가동 중단으로 생길 더 큰 피해액에 비해 이익일지도 모른다. 그러나 그런 결정은 내 권한 밖의 일이라고 생각했다. 무엇보다 뇌물을 주는 것은 불법이기도 했지만 누구나 그렇듯 내 성격에는 정말 죽기보다 싫은 일 중에 하나였다.

문득 뇌물을 주면 반출이 가능하다는 점을 확인했으니, 뭔가 다른 해결책도 있을 것 같았다. 어색해진 자리를 떠나 나는 세관 감시국 감시과로 향했다. 그런데 하필 토요일이라 직원들이 대개 퇴근한 후였다. 당직 근무자만 남아 있었다. 나는 사정을 설명한 후 감시국장의 연락처와 집 주소를 물었다. 어쨌든 그 순간 내가 만날 수 있는 최고위급 인사는 세관 감시국장이었던 것이다.

진실 · 성실 · 최선만이 최고의 해법

나는 택시를 잡아타고 부리나케 감시국장이 살고 있는 집을 찾아갔다. 동래온천장 부근이었다. 거실로 들어서자마자 명함을 내밀고 그에게 큰절을 했다. 그런 다음 절박하게 사정을 설명했다.

"부탁드립니다. 공장 가동이 중단되지 않고 돌아갈 수 있도록 도와주십시오. 국장님 권한으로 일단 3트럭 분량의 원료만이라도 공장으로 보낼 수 있게 선처해 주십시오."

감시국장은 명함과 나를 잠시 번갈아 보았다.

"허, 참. 정말로 이상한 사람이구먼. 내가 당신이 누구인 줄 알고 사인을 해 줍니까? 게다가 화물서류라곤 하나도 없는데, 어디에 어떻게 사인을 해 준단 말이오?"

그러나 그에게 통사정하는 수밖에 없었다. 부정한 이득을 취하고자 청탁하는 것이 아니기에, 간곡하게 부탁하면 들어주리라고 믿었다.

"저는 요즘처럼 취직하기 어려운 때에 20대 1의 경쟁을 뚫고 이 회사에 입사했습니다. 부두에 물건이 있는 걸 확인하고도 공장에 못 보내 공장 가동이 중단되면 책임자인 저는 정말 목이 달아납니다. 또한 한번 생각해 보십시오. 공장 가동이 중단되면 그야말로 국가적인 손해 또한 막심한 일 아닙니까. 대국적 견지에서 국장님의 선처를 기다리겠습니다."

하지만 끝까지 안 된다는 대답만이 되돌아왔다. 하는 수 없이 사무실로 돌아와 머리를 싸매고 고민에 고민을 거듭하고 있는데, 국장으로부터 뜻밖의 전화가 걸려 왔다. 오후 다섯 시경이었다.

"내 젊은이를 보내 놓고 마음이 편치 않아 당직에게 전화를 해 두었으니 약속대로 꼭 3트럭 분량만 싣고 가도록 하게. 그리고 월요일에 반드시 적법한 절차를 받게나."

지성이면 감천이라고 했던가? 순간 눈물이 핑 돌았다. 절박함을 이해해 준 것이 너무도 감사했다. 밤 10시 경, 3트럭 분량의 원료를 싣고 대구 공장으로 향할 수 있었다. 가급적 많은 물량을 싣기 위해 짐을 높이 쌓는 바람에 돌아가더라도 국도를 이용했다. 대구 공장에 도착해 보니 새벽 3시였다. 공장에서도 조마조마한 심정으로 나를 기다리고 있었다. 그렇게 일이 잘 마무리되는 듯했다.

그런데 생각지도 않았던 문제가 발생했다. 월요일 아침 출근해 보니 〈경향신문〉과 〈국제신보〉 1면에 '한국나일론 불법 보세 운송'이라는 기사가 사진과 함께 실려 있었다. 나는 물론 부하직원들도 깜짝 놀랐

다. 당시 밀수합동수사반 수사관들이 밤 늦게 물건을 실어 내는 것을
몰래 감시한 모양이었다. 서류 절차만 밟지 못한 상황이었는데 불법
반출로 오해한 것이다.

신문을 내려놓기가 무섭게 감시국장에게서 전화가 걸려 왔다. 그는
무거운 목소리로 이 문제를 잘 수습해 달라고 했다. 당연한 일이었다.
이 일로 인해 그가 어떤 피해도 입어서는 안 되었다. 즉각 부산 시경부
터 신문사, 검찰청 등을 분주하게 돌아다녔다. 공장에서 간부 몇 사람
도 내려왔다. 감시국장에게 부탁할 때처럼 우리의 처지를 상세히 설명
했고, 안 되는 일인 줄 알면서도 공장 가동을 중단시킬 수 없어 감시국
장에게 부탁을 했다는 사정을 입이 아프도록 설명했다. 다행히 그날
하루 만에 일이 일단 수습되었다. 늦은 오후 감시국장에게 전화를 걸
었다.

"국장님, 저 때문에 여러모로 죄송합니다. 일은 잘 마무리되었습니
다."

"고생했어요. 이 소장처럼 회사 일에 열심인 사람은 처음 봤어요. 아
무튼 진실한 사람을 알게 되어 나도 무척 기쁩니다."

정말 바쁘고 긴박했던 하루였다. 오해가 풀리고 일이 마무리된 순
간, 문득 지난 토요일에 받았던 세관원의 '검은 유혹'이 떠올랐다. 그
때 만약 내가 융통성을 발휘한다고 그의 제의를 받아들여 불법반출을
했다가 적발되었더라면 어떻게 되었을까? 나 개인의 잘못을 떠나 회
사 이미지에도 엄청난 피해를 입혔을 것이다. 그런 생각을 하자 등골
이 서늘했다.

그 사건 이후 감시국장과 가까운 사이가 되었고 이후에도 이런저런
문제가 발생할 때마다 적극적으로 도와주었다. 뜻하지 않은 보너스였

다. 정직, 최선, 성실은 결국 제 빛을 발한다는 사실을 체득한 사건이었다.

누가 봐도 상식적으로 안 되는 일이었지만 진실되고 성실한 마음으로 최선을 다하면 상대의 마음을 움직일 수 있다는 것을, 나는 26살 때 깨달았다.

2

인생의 '무형 자산'을 쌓아라

회사를 운영하다 보니 여러 사람들을 만나게 된다. 그중 어떤 사람들은 스스로를 과소평가해서 좀처럼 주어진 영역을 뛰어넘으려 하지 않는다. 반면 어떤 사람들은 자기 주변의 인적자원을 폭넓게 활용하면서 문제를 해결할 방도를 찾는다.

모든 문제가 항상 노력만으로 순조롭게 해결되는 것은 아니다. 하지만 부딪혀 보기도 전에 지레 안 될 것이라고 포기하면 아무것도 얻지 못한다. 목적을 위해 최선을 다하다 보면 더 많은 일을 이룰 수 있기 때문이다.

영역과 경계를 넘어

돌이켜 보면 부산출장소에서 보낸 세월은 단순한 직장인의 삶이 아니었다. 눈에 보이지 않는 '인생의 자산(資産)'을 쌓은 시절이었다. 당시 나는 26살, 그리 많은 나이도 아니었으나 내가 결정해야 하는 일들은 대단히 중요했다. 회사에 막대한 손해를 입힐 수도 있었고 큰 이로움을 가져다 줄 수 있는 결정들도 많았다.

그렇다 보니 한 가지 사안을 결정할 때에도 깊이 고민하는 습관이 몸에 배었다. 그 시절 업무 관계로 만난 분들은 대개 50대 이상이었다. 이런 분들의 경험을 듣고 생각하고 실제로 적용해 보는 과정을 통해 많은 무형 자산을 쌓을 수 있었다. 어떤 일이든 주어진 업무를 우직하고 묵묵히 수행하다 보면 자신에 대한 신뢰와 경험이 저절로 쌓인다는 것도 깨달았다. 직장인으로서 조숙(早熟)할 수 있었던 것이다.

그때 업체 사장님들이나 담당자들을 그저 하청업체의 약자, 나에게 잘 보여야만 하는 사람들로 생각했다면, 아무것도 얻지 못했을 것이다. 그랬다면 때되면 월급이나 받고, 그들이 건네는 향응이나 적당히 즐겨 가며 허송세월을 보냈을지도 모른다.

부산출장소를 떠나 본사로 올라온 나는 원사 판매를 담당했다. 이 시절에는 실의 품질이 그다지 좋지 않았다. 그래서 원사를 팔 때마다 클레임이 잦았다. 품질이 나쁘니 당연한 결과였다. 하지만 그중에는 품질이 좋은데도 생떼를 쓰는 사람들 또한 흔했다. 그러다 보니 나로서는 과연 실이 정말로 나쁜 것인지, 아니면 실을 산 구매자가 떼를 쓰는 것인지 정확히 파악해야 했다.

클레임의 원인을 분석해야만 했다. 판매담당인 내가 할 일은 아니었지만 원인을 알아야 무엇이 옳고 그른지 정확한 판단을 내릴 수 있다고 생각했다. 그런데 원인 분석이란 게 사무실에 앉아서 생각만 한다고 되는 일이 아니었다.

당시 코오롱은 일본 도레이 사와 기술합작을 하고 있었다. 경영학 전공인 나는 기술은 전혀 모르는 상태였다. 결국 나는 애프터서비스 담당자들, 때로는 일본 기술자들과 함께 우리 제품을 쓰는 공장이란 공장은 안 가 본 데가 없을 정도로 돌아다녔다. 현장의 불만과 클레임이 걸리는 이유를 직접 알아보기 위해서였다.

그런데 실의 품질에 문제가 생긴 원인에 대해서는 갑론을박이었다. 어떤 기술자들은 자신의 잘못을 인정하지 않으려 했다. 누구의 주장이 옳고 그른지를 정확히 판단하려면 내가 기술적 소양을 갖춰야 했다. 모르면 전적으로 그들의 말에 의지할 수밖에 없었으므로, 정확한 판단을 내리는 데 한계가 있었다. 정확한 판단을 하려면 원사에 대해 기술자 못지않은 지식을 쌓아야 했던 것이다. 그렇게 몇 년을 공부하면서 일하다 보니 나 역시 기술자가 다 되어 버렸다. 이후부터는 우리가 잘못한 부분은 그 손해를 우리가 책임지고, 구매자의 억지는 구매자의 잘못이라고 주장할 수 있게 되었다.

직장생활을 자산을 축적하는 시간으로

내가 모르는 분야라고, 내 일이 아니라고 해서 뒷짐만 지고 있거나 다른 이의 판단에만 전적으로 의존한다면 배울 수 있는 것이 없고, 발전이 적다. 직장생활은 그저 월급 봉투만을 위한 것이 아니다. 자신의 소중한 시간과 노력, 인생을 투자하는 일이다.

이왕이면 그 시간에 많은 것을 배우고 익히는 것이 중요하다. 소극적으로 전임자의 경험을 그대로 답습하는 태도도 바람직하지 않다. 능동적인 태도로 무언가 하나라도 더 개선하려고 노력해야 한다. 그런 태도가 회사와 개인을 풍요롭게 할 수 있다. 만일 당시 우리 제품의 품질이 좋아 아무런 클레임 없이 일할 수 있었다면, 아마도 나는 전표를 발행하거나 돈 받는 일 외에는 그토록 많은 업무를 배우지 못했을 것이다.

4년 정도 원사 판매를 담당한 뒤 다시 원단사업부로 자리를 옮겼다. 1973년이었다. 원사 판매 때 경험한 클레임들이 원단사업부에 와서 원단을 개발하는 데 그렇게 큰 힘이 되리라고는 생각지 못했다. 그리고 그때의 경험들이 섬유공학과 출신 개발담당자들을 지휘하는 데 아주 요긴한 무기가 되어 주었다. 생산 중에 사고가 나거나 하면 그들보다 내가 더 정확하게 원인을 찾는 경우가 많다 보니, 경영학과 출신이라고 나를 만만하게 대할 수 없었던 것이다.

3

옳다고 믿는다면 타협하지 마라

코오롱 원단사업부 부장으로 근무할 때 일이다. 나는 원단을 설계하고 제직(製織)하고 원가 계산하는 법을 배웠다. 그러면서 차츰 기성복 사업 진출에 관심을 갖게 되었다.

'이왕 섬유회사에 들어왔으니 원료부터 마지막 단계인 기성복 사업까지도 한번 해 보자.'

당시만 해도 코오롱은 등산 용품과 등산 의류, 약간의 수영복 정도만 생산하고 있었다. 따라서 본격적인 기성복 사업은 사업 영역을 크게 확장시키는 일이었다. 당시에는 제일모직과 반도(지금의 엘지)에서 미미하게나마 기성복 사업을 시작한 상태였다.

사업 영역을 확장하고자 한 것은 앞으로 기성복 시대가 오리라는 판단 때문이었다. 나는 부사장님께 수차례에 걸쳐 더 늦기 전에 기성복 시장에 뛰어들어야 한다고 강조했다. 그런데 내 제안에 응답이 없었다.

당시에는 양복점이나 양장점에서 맞추는 맞춤복이 대세였다. 중고등학교 학생들까지도 원단을 선택해 교복을 맞춰 입던 시절이었다. 특히 기성복은 싸구려라는 이미지가 강할 때여서 쉽사리 내 의견에 찬성하기가 힘들었을 것이다.

결국 기성복 사업은 물 건너간 듯했다. 그러나 나는 기회만 있으면 반드시 기성복 사업을 해야 한다고 거듭 주장했다.

"제가 해 보겠습니다!"

1976년 12월 24일 크리스마스이브. 나는 인생에 있어서 무척 중요한 계기를 맞는다. 부사장님이 기성복 사업 건으로 나를 호출한 것이다.

"이 부장, 우리도 기성복 사업을 하기로 결정했네."

회장님께서 마침내 결정을 내리신 듯했다. 나는 적잖이 흥분이 됐다.

"그런데 문제는 이 사업을 누가 맡아 추진하느냐 하는 걸세."

나는 망설임 없이 대답했다.

"제가 하겠습니다."

"자네가 기성복에 대해 아는 게 뭐 있나?"

"무슨 일이든 뱃속에서부터 배워 나오는 놈이 어디 있습니까. 제일모직이나 반도 역시 이제 막 그 시장에 뛰어들어 걸음마 단계입니다. 그쪽 회사에서도 누군가가 첫 걸음을 뗐을 거 아닙니까? 그들도 기성복 시장에 대해 아는 게 그리 많지 않을 겁니다."

예전이나 지금이나, 나는 이왕이면 새로운 부서, 남들이 힘들고 어렵다고 피하는 부서, 때론 다 쓰러져 가는 부서나 그런 회사에서 일하는 것을 더 즐기는 편이다. 편한 부서나 잘 나가는 회사보다 어려움과 난관이 많은 회사일수록 나 자신을 더욱 크게 성장시킬 수 있다고 생각했다. 나는 성취감에 대한 욕망이 큰 편이었다.

"부사장님, 제가 잘 해낼 자신이 있습니다."

부사장은 한동안 나를 물끄러미 바라보다가 빙그레 웃었다.

"그래? 그럼, 이 부장이 전적으로 책임지고 한번 진행해 봐."

그 결정은 내 인생의 중요한 전환점이 되었다. 그때의 경험은 오늘날 내가 의류사업을 할 수 있는 바탕이자 유용한 자산이 되어 주었다. 그것이 그냥 주어진 기회는 아니었다. 기성복에 대해 아는 것이 없다고 망설였다면 아예 그런 제안조차 못했을 것이다. 주어진 자리에서 주어진 밥그릇만 챙기며 살았다면 이냥저냥 보통 삶을 살았을 것이다. 그랬다면 과연 발전이 있을 수 있었을까?

새로운 일, 어려운 일, 까다롭고 위험한 일, 회생가능성이 잘 보이지 않는 업무가 주어진다면 어떻게 할 것인가. 그 일을 맡긴 상사에게 불평하며 운 나쁘다고만 생각할 것인가, 아니면 "좋습니다, 최선을 다해 해 보겠습니다!" 하면서 망설임 없이 뛰어들 것인가.

일을 맡기려는 상사도 그 일이 힘들고 어렵다는 것 정도는 알고 있다. 소극적이고 부정적 태도를 보이는 부하직원과 적극적이고 능동적인 직원, 둘 중 누구를 더 신뢰할지는 분명하다. 물론 그 일에 실패해서 좌절할 수도 있고 경우에 따라서는 회사에 손해를 입힐 수도 있다. 하지만 이때에는 그 과정이 결과보다 더 중요하다.

우리 회사인 (주)보끄레머천다이징도 마찬가지다. 사원들이 간혹 실수할 때가 있다. 그때마다 나는 결과보다는 과정을 먼저 살펴본다. 일을 하는 데 있어서 과정이 성실하고 건전했다면 결과에 별로 무게를 두지 않는다. 실수나 실패는 한 인간을 더욱 성숙시키게 마련이다. 비록 회사에 손해를 끼치고 개인적으로 슬럼프에 빠질 수도 있지만 그 과정을 통해 더욱 단련되고 연마되어 훗날 회사에 더 큰 이익을 가져다 주리라 믿기 때문이다.

결과만 보고 꾸짖기만 하면 그는 소심해지고 움츠러들어서 시키는 일만 하는 좀팽이로 전락하기 십상이다.

소신 있는 반대와 회장님의 결단

"아시다시피 저는 기성복에 대해 아무것도 모릅니다. 이제부터 준비해서 잘해 보겠습니다. 방도 하나만 따로 마련해 주십시오."

"언제쯤 전반적인 사업 브리핑이 가능할 것 같아?"

"최대한 빨리 준비하겠습니다."

"회장님도 모시고 할 거니까 철저히 준비하게."

나는 바로 준비에 들어갔다. 기성복의 '기' 자도 몰랐기에 모든 걸 처음부터 시작해야 했다. 우선 관련 서적들을 모았다. 미국 기성복의 역사나 일본 기성복의 역사 등을 살펴보면서 하나 둘 사업의 뼈대를 세우기 시작했다. 집을 짓기 위한 설계도면이 서서히 그려졌고, 사업에 필요한 사원들을 뽑아서 쓸 수 있는 권한도 부여받았다.

나는 부하직원에게 통계청에 가서 기성복 시장에 대한 자료를 뽑아오라고 지시했다. 그런데 1970년대만 해도 통계자료라는 게 거의 유명무실했다. 자료에 따르면 기성복은 시장성이 전혀 없는 것으로 나타났다. 당시만 해도 무시 못할 지하경제 규모가 다 빠져 있기 때문일 것이라고 판단했다. 나는 다시 직접 나가 발로 뛰어 시장조사를 해 오라고 지시했다.

기성복 사업을 위한 구체적인 프레임이 하나 둘 완성되었다. 출범 1개월 후, 코오롱그룹 사장단 21명과 회장님이 참석한 가운데 브리핑을 했다. 나는 기성복의 역사에서부터 현재 한국 기성복 시장의 실태와 전망 등을 상세하게 설명했다. 그리고 앞으로 의류 시장은 기성복이 주도할 것이라는 점을 역설했다. 다들 진지한 표정으로 보고를 경청했다. 브리핑이 끝난 후 회장님이 물었다.

"수고했어! 음, 그런데 원단은 당연히 우리 코오롱 것을 쓸 거지?"

순간 나는 기운이 쑥 빠지는 것 같았다. 코오롱에서 생산하는 원단이라고 해 봐야 당시에는 나일론과 폴리에스테르가 전부였다. 하지만 소비자는 실크나 울 등 다양한 소재로 만든 옷을 원할 것이기 때문이었다.

"회장님, 소비자가 실크 달라고 하면 실크를 줘야 하고 울을 달라고 하면 울을 줘야 합니다. 실크 달라고 하는 사람에게 나일론 옷을 갖다 줄 수는 없습니다. 기성복 사업은 우리가 팔고 있는 원사나 원단과는 별개의 영역으로 생각하셔야 합니다. 만약 우리 소재로만 패션사업을 하라고 하시면 저는 오늘 브리핑하는 것으로 끝내겠습니다."

회장님 의견을 부장이 즉각 반박하고 나선 것이다. 지금 생각해도 꽤 당돌했던 것 같다. 회의장이 술렁거렸다. 나는 아닌 걸 '예' 라고 말할 수는 없었다. 아닌 건 아니었다. 회장님을 비롯한 사장님들은 당황한 듯 입을 열지 못했다. 그렇게 한동안 침묵이 흘렀다. 잠시 후,

"그럼, 이 부장이 알아서 해."

회장님은 마침내 결단을 내렸다. 오늘날 기성복 시장에서 커다란 한 축을 담당하고 있는 코오롱 패션사업부는 그렇게 탄생했다. 만약 나일

론이나 폴리에스테르 원단만으로 패션사업을 꾸려 갔다면, 또 그 자리에서 '노우'라고 말하지 못하고 '예스'라고 말했다면 코오롱 기성복 사업은 이미 실패했을지도 모른다.

주인은 바로 '나'다

1977년 4월 1일. 드디어 패션사업본부 안에 스포츠 그룹과 숙녀복 그룹을 명칭으로 하는 두 개 부서가 탄생했다. 스포츠 그룹은 기존의 코오롱 아케이드를 흡수 확대하기로 하고 숙녀복 그룹은 완전히 새로 만들어진 것이었다. 그리고 나는 초대 숙녀복 그룹장이 되었다. 숙녀복 그룹장으로 새로운 일을 시작한 나를 가리켜 '바보'라며 비아냥거리는 사람들도 적지 않았다. 이전까지 나는 코오롱에서 돈을 가장 잘 버는 원단사업부에 있었기 때문이다. 노른자위 부서를 마다하고, 골치 아픈 새 사업을 기획하고 전망이 불투명한 신설 부서에 뛰어들었으니 그런 말을 들을 법도 했다.

원단사업부 부장일 때에는 회사에서 차량도 지원받았으나 신설 부서인 숙녀복 그룹은 그렇지 않았다. 그러던 어느 날 최선을 다하고 있는 노력을 감안했는지 부사장이 차량을 지원해 주겠다고 했다.

"괜찮습니다. 이 사업을 궤도에 올리려면 앞으로 돈을 얼마나 더 까 먹을지도 모르는데, 꼭 차량이 필요하면 그때 다시 말씀 드리겠습니다."

나는 일단 사양했다가 몇 달 후 일이 본격화되자 차량지원을 요청했다. 승용차가 아닌 픽업으로, 부서장 출퇴근용이 아닌 원단 등을 싣고 다니기 위한 수단이었다.

내 성취 욕구나 겸손함을 자랑하려는 게 아니다. 이런 일은 자랑거리가 되지 못한다. 직원으로서 당연한 일이기 때문이다. 대신 이런 태도는 상사와의 관계에서 중요한 신뢰를 쌓을 수 있는 요인이 된다. 이 같은 신뢰감은 훗날 내가 사업할 때 큰 도움을 주었다. 비록 당시에 이런 점까지 계산한 것은 아니었지만, 결국 훗날을 위한 소중한 자산이 되어 주었다.

입장을 바꿔 생각해 보아도 마찬가지다. 만약 내가 사장이나 중역이라고 치자. 열심히 일하는 직원에게 업무상 여러 지원을 해 주겠다고 했는데 회사 경비를 아끼겠다며 사양하거나 더 효율적인 방법을 제시한다면, 사장이나 상사는 '아, 이 친구는 정말 믿어도 되겠구나. 일을 맡겨도 되겠구나. 주인과 같은 생각으로 일을 하고 있구나.' 하고 생각하게 되지 않겠는가.

일본 인터모드에서 받은 문화적 충격

코오롱은 마침내 기성복 사업에 본격적으로 뛰어들었다. 초기에는 시행착오도 많았고 사사건건 문제가 발생했다. 문제가 생길 때마다 패션을 조금이라도 아는 사람을 찾아 그들이 귀찮아할 정도로 쫓아다니며 묻고 배웠다. 그러나 아직 본격적인 기성복 시대가 열리지 않아 배우는 데 한계가 있음을 절감해야 했다.

결국 나는 우리보다 패션사업에서 월등히 앞서 있고 기성복 시장이 발달한 일본 패션회사 견학을 계획했다. 1978년 초 무렵이었다. 이 일을 당시 코오롱과 기술합작을 하고 있던 일본의 도레이 사에서 파견 나온 사람에게 부탁했다.

"우리 회사가 이번에 패션사업에 진출했는데, 일본에서 패션사업을 하는 회사를 소개해 줄 수 있겠습니까?"

그 사람은 '인터모드'라는 회사를 소개했다. 즉각 일본으로 건너갔다. 다음날 9시, 인터모드의 모로즈미 이사라는 사람을 찾아갔다. 사무실은 건물의 3층에 있었다. 엘리베이터 문이 열리면 복도 없이 곧바로 사무실이 나타나는 구조였다.

얼핏 보아 그 층에는 30여 명가량 되는 직원들이 분주하게 움직이고 있었다. 그런데 예정에도 없던 낯선 방문자들을 보고도 그들은 어색해 하기는커녕, 입구에 있던 직원부터 얼굴을 마주치는 직원들까지 모두 쌩긋 미소를 지으며 허리를 굽히고 우리에게 깍듯이 인사를 하는 게 아닌가?

"오하이오 고자이마스. 무엇을 도와드릴까요?"

나는 인터모드에 첫발을 들여놓는 순간 문화적인 충격을 받았다. 당시 우리나라 회사에서는 보기 힘든 모습이었다. 나는 그 인사 한마디에서 인터모드의 가치를 느꼈다.

나는 모로즈미 이사와 커피를 마시며 이런저런 이야기를 나누다가 단도직입적으로 말했다.

"사장님 좀 뵐 수 있을까요?"

"만나시기로 약속하셨나요?"

"아뇨, 그냥 꼭 인사드리고 얘기 좀 나누고 싶어서요."

"잠시만 기다리세요."

모로즈미 씨가 사장실에 다녀왔다. 그러더니 잠시 후 한 직원이 다가와 상냥한 미소로 나를 사장실로 안내했다. 패션사업을 배울 요량으로 떠나온 일본 견학이었는데, 나는 이들에게서 서비스 정신부터 배울 수 있었다. 사전 약속 없이 갔건만 마침 시간이 있었던 모양인지 쉽게 사장을 만날 수 있었다.

"도레이 사로부터 얘기를 들은 적은 있습니다만 무슨 일이신지요?"

나는 견학 온 사정을 설명했다. 내가 맡은 일도 설명했다. 대략 이런 인사를 건넨 것으로 기억한다.

"나는 한국 코오롱에서 패션사업을 막 시작한 사람입니다. 그런데 나는 패션의 '패' 자도 모릅니다. 그래서 당신네 회사에 견학을 왔는데 직원들이 너무 친절해 문화적인 충격부터 받았습니다. 이 회사가 어떻게 돌아가고 있는지 자세히는 알지 못하지만 분명 배울 게 있다고 생각합니다. 그러니 나를 좀 도와줄 수 있겠습니까?"

"제가 뭘 어떻게 도와드리면 되겠습니까?"

나는 인터모드와 라이선스 계약을 통해 상품기획은 물론 광고 프로모션까지 전반적인 기성복 사업에 대한 노하우를 배우고 싶다고 청했다. 그런 다음 알고 싶은 것을 조목조목 적어서 건네주었다. 전혀 예정에 없던 일이었다. 인터모드의 사장은 한참을 생각하더니 그 자리에서 결정을 내렸다. 그렇게 해서 나는 인터모드와 MOU를 체결하게 되었다. 그는 아주 샤프하고 명철한 판단력을 지닌 사람으로 패션업계에서도 알아주었던 사람으로 기억한다.

주인의식이란 무엇인가

'하나를 보면 열을 안다.' 나는 직감적으로 인터모드에는 우리가 벤치마킹할 특별한 것들이 있음을 느꼈다. 라이선스 계약은 사장의 결재를 받아야 하는 일이었다. 그러나 나는 스스로 판단해 결정하고 나중에 보고하는 식으로 일하고 있었다. 이런 결정권은 윗사람의 간섭을 받지 않아 편해 보이지만, 결과를 전적으로 책임져야 하기에 더 많은 고민과 생각을 해야 한다.

어쨌든 나는 부서장으로서 가계약에 사인을 했다. 귀국해서 사장님께 보고를 했고, 결국 인터모드를 통해 기성복 사업은 물론, 패션사업 전반에 걸친 그들의 노하우를 3년간 배우게 되었다.

나는 이 무렵의 경험들을 우리 보끄레 직원들에게 가끔 들려준다. 특히 인터모드의 첫인상은 신입사원들에게 반드시 들려주는 단골 메뉴다. 우리 회사를 찾아오는 사람들 가운데는 우호적인 감정으로 오는 사람들도 있겠지만, 잘못된 정보나 우리 회사가 실제로 잘못한 일 때문에 부정적인 감정을 안고 찾아오는 사람들도 있을 것이다. 그렇기에 나는 더욱더 모든 방문객들에게 먼저 다가가 밝고 따뜻하게 인사하고 안내하라고 말한다. 그들이 처음 어떤 감정으로 찾아왔건 간에, 회사를 떠날 때는 모두 좋은 감정으로 돌아갈 수 있게 해 주자는 것이다.

손님을 친절하게 맞는 것은 너무나도 당연한 일, 쉬운 일처럼 느껴질 수도 있다. 하지만 실제 현장에서는 이 사소한 일이 제대로 지켜지지 않기도 한다. 나는 그 시절 인터모드에서 사원들이 가져야 하는 주인의식의 실체를 만난 듯했다. 주인의식은 구호나 관념 속에 존재하는 것이 아니다. 회사일이 곧 나의 일이고, 회사에 온 손님이 곧 나의 손님이라고 생각하는 작은 것부터가 주인의식이라고 생각한다.

5

시장흐름을 읽어라

중국 시장에 진출한 보끄레의 여성의류 브랜드 ON&ON은 이제 고급 브랜드로 이미지를 굳혔다. 한국과 동일한 가격정책을 추진해 고급 제품이라는 이미지를 부여한 게 주효했다. 처음에는 한국과 동일한 가격으로, 지금은 20~30퍼센트 더 비싼 가격으로 판매하고 있다. 비싸도 소비자들이 선호할 수 있도록 서비스와 품질에 있어서 타 브랜드와 철저한 차별화를 시도했고 이것이 명품 브랜드로 불리는 데 결정적 요인으로 작용하게 되었다. 이를 위해 지금도 중국 판매 사원들이 한국에서 받는 서비스 체험 교육이 지속되고 있고 지금까지 120명 가까운 인원이 참가했다.

브랜드 런칭 당시에는 의견이 분분했다. 중국 소비자들의 경제 사정을 고려할 때 저가 제품이 더 주효할 수도 있다는 의견들이 많았다. 하지만 고가 전략으로 출발한 데에는 코오롱에서의 경험도 한몫했다.

천신만고 끝에 탄생한 첫 브랜드, '벨라'

코오롱의 패션사업본부를 발족한 지 5개월 만에, 마침내 코오롱 여성 기성복 브랜드인 '벨라'가 탄생했다. '벨라는 나의 꿈, 아름다운 날개여'라는 CM송을 유행시키기도 한 바로 그 브랜드다. 벨라 1호 매장은 명동에 오픈했다. 1977년 9월의 일이다. 그런데 이 모든 게 도깨비 방망이로 뚝딱 하듯 한순간에 쉽게 이루어진 일은 아니었다.

당시 명동에는 '송옥양장점'이라는 유명한 옷집이 있었다. 그 자리를 빌려 로드 숍(road shop)을 오픈하려고 했다. 건물 주인은 심 사장이라는 사람이었는데, 명동 일대에서는 알아주는 한량(閑良)이었다. 그런데 임대계약이 순조롭지 않았다. 찾아갈 때마다 수시로 조건을 바꾸는 통에 애를 먹었다. 임대료를 더 받으려 욕심을 내비쳤다가도 또 어떤 때는 호방한 사람처럼 쉽게 계약할 듯이 행동하면서 계약을 질질 끌었다.

나는 심 사장을 끈질기게 설득했다. 어려운 일을 성사시키는 데는 자신이 있었다. 어렵사리 계약이 이루어졌고 명동에 벨라 1호 매장을 오픈한다는 신문광고도 냈다. 그런데 약속과 달리 매장공사가 신속하게 이루어지지 않아 문제가 생겼다. 오픈 날이 다 되도록 내부 인테리어 공사가 덜 끝난 것이다. 광고가 안 나갔으면 미룰 수도 있겠지만 약속을 지키기 위해 반드시 오픈해야 했다. 밤새도록 일꾼들을 독려해 인테리어를 끝냈다. 그리고 새벽에 제품 디스플레이를 마쳤다.

그런데 문제는 아직 남아 있었다. 쇼윈도 대형 유리를 끼워 줘야 할 기술자가 작업을 펑크 낸 것이다. 그대로 오픈 시각인 10시가 되었다.

궁여지책으로 직원 한 명이 미처 끼우지 못한 유리를 붙잡고 서 있었다. 만약 바람이라도 불어 유리가 넘어가 버리면 큰일이었다. 오픈 식내내 마음이 조마조마했다. 다행히도 다른 사람들은 눈치 채지 못한채 테이프 커팅(tape cutting)이 잘 끝났다.

이후 나는 회사에서 7시에 퇴근하면 매일 매장으로 향했다. 첫 매장이고 숙녀복 그룹의 사활이 걸린 첫 시작이다 보니 나는 물론 직원들도 매우 열심히 일했다. 매장은 저녁 10시에 문을 닫았다. 나는 매장문을 닫을 때까지 매장에서 살다시피 했다. 손님들의 반응을 살피기도하고 무엇이 문제인지도 파악하면서 매장에 최선을 다했다.

"어휴, 제발 부장님, 저희들이 알아서 잘할 테니까 이제부터는 퇴근하시면 집으로 들어가세요."

"아니야, 내가 궁금해서 그래."

직원들 눈에도 무리하는 듯 보였던 모양이다. 한편으론 나의 존재가불편했을지도 모른다. 그러나 나는 매장 직원들의 비위를 맞추는 것보다는 직원들의 근무 태도와 소비자들의 반응을 확인하는 것이 더 중요했다. 나의 매장 출근은 계속되었다.

가격이 낮은데도 안 팔리는데 올리면 팔리겠습니까?

이 시절 코오롱의 벨라보다 먼저 나와 있는 브랜드들이 몇 개 더 있었는데 반도와 논노가 대표적이었다. 이들의 여러 제품 가운데에는 실크블라우스가 있었는데, 우리도 실크블라우스를 팔고 있었다. 다른 브랜드의 실크블라우스 가격은 23,000원 선이었고, 우리는 19,800원이었다. 그런데 이상하게도 시장조사 결과 우리 제품이 상대적으로 적게팔리는 것으로 파악되었다. 다른 브랜드의 실크블라우스와 비교해도 품질도 전혀 손색이 없고 가격도 싼데 밀리고 있었던 것이다. 당시 벨라 매장 책임자는 지금 '아이디 룩'의 회장이 된 이경후 주임이었다.

"이 주임, 우리도 가격을 좀 올려 보면 어떨까?"

"가격이 낮은데도 안 팔리는데 올리면 팔리겠습니까?"

결국 반신반의하면서도 가격을 올리기로 결정했다. 디자인을 약간 변화시키면서 23,800원이라는 가격표를 붙였다. 동종업계 제품 중 가장 비싼 가격이었다. 그런데 묘하게도 그때부터 실크블라우스가 잘 팔리기 시작했다.

당시 실크블라우스는 고급 여성의류였고 소비자층은 어느 정도 국한되어 있었다. 소비자들은 큰맘 먹고 실크블라우스를 장만해야 했고, '싼 게 비지떡'이다 싶어 기왕이면 비싸고 좋은 것을 사겠다고 생각한 것이다. 시장흐름을 읽고 고가 및 고급화에 주력한 전략이 성공한 사례였다.

아이디 룩 이 회장은 10수 년째 매년 1월 1일이면 정확히 집으로 예쁜 '난'을 보내온다. 얘기를 따로 안 해도 나는 그의 마음이 어떤 것인지 헤아리고도 남는다. 받기만 하니 늘 미안하다. 나도 똑같이 그렇게 하기도 그렇고…. 그저 평생토록 그의 마음을 고마움으로 가슴속에 새겨 두고 살아갈 것이다. 다시 한 번 감사를 표하고 싶다.

소비자의 욕구를 선점하라

명동 매장과 벨라는 순조롭게 항해를 계속했다. 여성의류 업계 후발 주자인 벨라가 선두대열에 올라 성공할 수 있었던 것은 운이 좋아서가 아니다. 나와 매장 직원들 모두 혼연일체가 되어 최선을 다했기 때문에 가능한 일이었다. 나는 숙녀복 그룹장을 맡은 뒤로 매장이 정상적으로 돌아가기 전까지는 거의 휴일이 없었다.

그때 내가 그룹장입네 하고 뒤로 물러나 있고, 매장 책임자는 책임자대로 거드름을 피웠다면 어떻게 되었을까. 처음에는 지지부진해도 어떻게든 굴러가기야 했겠지만, 어느 순간 '벨라'는 소리도 없이 사라지고 말았을 것이다. 여성 소비자들은 대단히 민감하다. 매장 직원들이 어떤 태도로 일하는지 금방 파악한다. 입소문도 빠르다. 물론 좋은 소문은 곧 시장을 사로잡는 힘이 되어 돌아온다.

시장흐름을 읽어 내는 능력이 없으면 열심히 일하고도 성과를 내지 못한다. 저가로 공략할 때와 고가로 공략할 때를 알고 대처하는 것, 소비자가 원하는 것을 미리 알고 상품화하는 것 등은 끊임없이 생각하고 고민하는 속에서 동물적 본능처럼 길러진다. 보끄레가 중국시장에서 ON&ON과 W닷을 고급 여성의류 브랜드로 각인시키는 전략을 추구한 것도 이때의 경험에서 비롯됐고, 결과는 성공적이었다.

6

조직이 열려 있어야 좋은 열매가 열린다

승진을 하면 태도가 달라지는 사람들이 있다. 본인은 달라진 게 없다고 하지만, 심할 경우 하루아침에 말투부터 행동까지 모두 확 바뀌는 사람들이 있다. 자신도 모르게 거드름을 피우기 시작하고 권위적으로 변해 간다. 누구든 그런 스타일의 사람을 좋아하는 사람은 없다. 승진을 했다는 건 해야 할 일이 더 많아졌다는 뜻이고 책임이 더 무거워졌다는 뜻이다. 혼자서 생각하고 결정할 일들이 더 많아졌다는 뜻이다. 그 사람이 갑자기 범접하지 못할 어려운 존재가 되었다는 의미는 절대 아닌 것이다.

중국과 한국에 1,500여 명의 직원을 두고 있는 보끄레와 올리브데올리브의 사장인 나는 직원들과 격의 없이 지내려고 노력한다. 나는 스스로 사장이라고 생각해 본 적이 별로 없다. 그저 후배 직원들의 인생

선배쯤으로 생각하며 살고 있다.

그룹장님 차는 타는 게 아니래요

코오롱의 숙녀복 그룹을 처음 시작할 때였다. 나는 각오를 더 단단히 다지기 위해 본사 건물에서 나오기로 결정했다. 그리고 자그마한 사무실을 얻기로 했다. 그래서 강남역 맞은편 부근에 사무실을 얻었다가 다시 옮긴 곳이 수유리 광산 슈퍼 앞 구 코오롱 아케이드 건물이었다. 후에 다시 스카라 극장 앞으로 이사를 했고 마지막으로 옮긴 곳이 퇴계로 대한극장 맞은편이었다.

강남 사무실에서 일하던 무렵 나는 정릉에 살고 있었다. 나는 퇴근할 때마다 같은 방향에 사는 직원들을 모두 태우고 다니면서 직원들의 집 근처에 하나 둘씩 내려 주었다. 그러던 어느 날이었다. 사무실 앞에서 직원들이 나오기를 기다리고 있는데 어찌된 일인지 함께 다니던 직원들이 차를 타지 않는 것이었다.

"왜 안 타?"

"저 오늘 약속이 있어서…"

"저는 들를 데가 좀 있어요."

직원들은 이런저런 이유를 대며 차를 타지 않았다. 처음에는 정말 약속이 있어서 그러는 줄 알았다. 그러나 그런 일이 반복되자 아무래도 이상한 생각이 들었다. 매일 일이 있는 것도 아닐 테고, 더욱이 다들 동시에 저녁 약속이 있다는 말이 석연치 않았다. 그래서 차를 같이 타고 다니던 직원을 따로 불러 사정을 알아보았다.

"사람들이 부장님 차를 타는 게 결례라고 해서요."

당시 함께 일하던 직원들은 대부분 '양장점' 출신들이었다. 요즘처럼 전문적으로 디자인을 공부한 디자이너들이 그리 많지 않아 양장점 등에서 실력을 쌓은 사람들을 스카우트해서 채용한 까닭이다. 그들은 비교적 자유롭게 일하던 사람들이었다. 그러다 보니 회사조직의 위계질서 등은 잘 알지 못했다. 그때는 상급자를 깍듯이 예우하는 게 큰 회사의 조직문화처럼 굳어져 있던 시기였다.

"무슨 말도 안 되는 소리를 하고 그래. 오늘부터 그냥 타라고!"

이후 며칠은 다시 함께 차를 타고 다녔지만 그것도 잠시뿐이었다. 직원들은 다시 차 타기를 꺼렸다. 다시 자초지종을 알아본 바, 운전기사가 직원들에게 그렇게 일렀음을 알게 되었다. 어떻게 감히 부장님의 차를 스스럼없이 그것도 매일 탈 수 있느냐는 것이었다. 나는 당장 기사를 불렀다.

"이 사람아! 이게 내 차도 아니고 회사 차 아닌가. 회사 사람들 모두가 유용하게 쓸 수 있어야지."

나는 그날 기사를 몹시 야단쳤다. 회사 직원들과 나는 직급이 다를 뿐이다. 설령 회사 차가 아니라 내 개인 차라고 해도, 하루 종일 일하느라 지친 직원들이 고마워 밥까지 사주면서 함께 다니고픈 심정이었다.

그런데 안타깝게도 직원들은 그 뒤로도 내 차를 타지 않았다. 잘못된 조직문화에서 비롯된 일이었다. 스스로 권위적이지 않으려 해도, 주변에서 권위적으로 만들어 버린 것이다.

직장상사의 차를 타든 안 타든 그게 뭐 그리 중요한 일이랴 싶을 수도 있지만, 그 차이는 엄청나다. 예를 들어 이런 일들이 있을 수 있다. 상사는 직원들과 호흡을 함께하면서 동태와 업무를 잘 파악하고 있어야 한다. 그렇다고 매일 직원들을 불러다 이런저런 일들을 꼬치꼬치 물을 수는 없는 일이다. 상대방의 시간과 자율성을 해치기 때문이다.

그럴 때 퇴근길에 함께 차를 타고 다니면서 스스럼없이 이런저런 이야기를 나눌 수 있다면, 개인적인 이야기나 회사일과 관련된 정보를 자연스럽게 공유할 수 있다. 상사와 부하직원 간에 '열린 마음'이 자연스럽게 형성되고 친밀감이 쌓이는 것이다.

하지만 그러지 못할 경우, 서로를 대하기가 점차 어려워진다. 상사는 직원들의 고민이나 업무를 따로 일일이 체크해야 하고, 그야말로 사무적으로 대하게 된다. 부하직원들의 입장에서는 상사의 경험이나 노하우를 공유할 기회를 상실하게 된다. 권위적인 태도나 '닫힌 마음'은 모두에게 손해만 안겨 주는 것이다.

가족 같은 회사를 고집하는 이유

이런 일도 있었다. 수유리에 사무실이 있을 때 함께 일하던 미싱사가 20명 남짓 됐다. 그런데 어느 날 직원들을 둘러보다가 깜짝 놀랐다. 한눈에 보아도 너무나 어려 보이는 여직원이 눈에 띈 것이다. 나는 몇 살이냐고 물었다.

"13살입니다."

초등학교 6학년이거나 중학교 1학년쯤이어야 할 나이였다. 순간 가슴이 턱 막혔다. 가슴 한복판이 아릿했다. 한창 친구들과 어울리고 공부할 나이에 돈벌이를 하고 있다는 생각에 안타까움이 밀려왔다. 담당 과장에게 확인해 보니 부모의 동의를 받아 취업한 상태였다. 집안 형편은 어려운데 일을 할 수 있는 사람이라고는 그 아이밖에 없어 어쩔 수 없이 보조직원으로 일하게 된 것이었다. 그 시절 미싱사들은 그렇게 어린 나이부터 시작하는 경우가 많았다. 우리 회사에도 어린 10대 직원들이 몇 명 더 있었다.

나는 그때부터 이들에게 무엇을 해 줄 수 있을까 고민했다. 문득 어린 나이에 일을 시작하다 보니 대부분 제대로 배울 수 있는 기회가 없었으리라는 데 생각이 미쳤다. 그래, 이들에게 배움의 기회를 주자. 나는 과장에게 어린 여직원들이 배우고 싶어 하는 게 있으면 무엇이든 회사 차원에서 교육을 시켜 주라고 지시했다. 여직원들이기에 꽃꽂이나 요리, 뜨개질 같은 걸 배우게 해 달라는 의견이 나올 줄 알았는데 뜻밖에도 한문을 가르쳐 달라는 이야기가 나왔다.

"신문을 못 보니까 답답해요. 신문이라도 좀 제대로 읽었으면 좋겠어요."

그날 난 어린 여직원들에게 이렇게 말했다.

"한문이라면 내가 직접 가르쳐 주마."

어려서부터 나는 아버지에게서 한문을 배웠다. 마흔 셋에 본 늦은 장남이었고, 더군다나 큰집의 큰아들이었기에 아버지는 엄하게 가르치시면서 다섯 살 때부터 '천자문'을 읽고 쓰게 하셨다. 초등학교 입학 전까지 하루도 거르시는 법이 없었다. 당시 아버지는 며칠씩 출장 가시는 날이 많았는데, 그럴 때에도 반드시 숙제를 내주고 가실 정도였다. 겨우 다섯 살 먹은 아이가 얼마나 밖에 나가 놀고 싶었겠는가?

나는 나름대로 요령을 피워 아버지가 돌아오시기 하루 전날 숙제를 벼락치기로 했다. 숙제라는 게 창호지를 일곱 번 접어 써 놓으신 한시(漢詩)와 경구(警句)를 그대로 읽고 쓰는 것이었다. 그런데 벼락치기로 하다 보니 글자가 제대로 쓰여질 리 없었다. 출장에서 돌아오신 아버지는 벼락치기를 대번에 알아차리셨다. 어머니나 누님들은 나 하겠다는 대로 내버려 두셨지만 아버지는 결코 용서하는 법이 없으셨다. 예의 그 회초리가 매섭게 춤을 췄고, 그러면서 차츰 한문 실력은 높아 갔다.

나는 아버지가 보여 주셨던 열정과 애정으로 어린 미싱사들에게 한
문을 가르쳤다. 사무실에 흑판을 걸어 놓고 매일 아침 그들에게 한문
을 가르쳐 주었다. 회사를 한 시간 더 일찍 나와야 했고, 사업 규모가
커지면서 일들도 많아져 힘들고 피곤했지만 보람 있고 뿌듯한 일이었
다. 물론 공부를 게을리 한다고 해서 회초리를 드는 일은 없었지만 말
이다.

고리타분한 이야기로 들릴지 모르지만, 사람 위에 사람 없고 사람
밑에 사람 없다.

"사장님, 저희 집이 사장님 댁 부근인데 좀 태워 주세요."

나는 우리 직원이 이처럼 넉살좋게 다가와 격의 없이 대해 주기를
바란다. 회사 안에서야 각자에게 주어진 위치와 역할이 다르지만, 회
사 밖에서는 그들도 나도 그저 한 인간일 뿐이다.

그렇기에 나는 좀 지나칠 정도로 직원들을 늘 가족처럼 대하려고 노
력한다. 직원을 부를 때도 주로 이름을 부른다. 어린 여직원들에게는
마치 아버지가 딸을 대하듯 행동한다. 언제든 면담요청이 들어오면 만
사 제쳐 두고 그들과 대화한다.

내가 별종이라서가 아니다. 아니, 별종일지도 모른다. 하지만 이런
경영원칙에는 이유가 있다. 직원들과의 관계에서 이 같은 나의 처신이
우리 회사와 나 자신을 위하는 가장 소중한 방법 중 하나라는 것을 잘
알고 있기 때문이다.

7

청렴, 경쟁력의 원천

명절이 되면 여기저기 그동안 신세를 주고받았던 협력업체에서 선물이 들어오기도 하고, 나 역시 선물을 하기도 한다. 이런 풍토는 우리 사회가 갖고 있는 미덕 가운데 하나다. 그러나 정도가 지나치면 문제가 된다. 보끄레는 이런 문제에서 무척 깨끗한 회사라고 자부한다. 도가 넘는 선물을 받았다가는 해고 당할 수도 있다는 것을 다들 잘 알고 있기 때문이다. 그나마 7, 8년 전부터는 아예 어떤 의미의 선물도 받지 않는 것이 관례가 되었다.

임 사장과 거래를 끊을 수밖에 없었던 까닭

지금 아이디 룩 이경후 회장이 코오롱 과장으로 일할 때였다. 레이온 원단의 프린트물을 매우 감각적으로 생산하던 임 사장이라는 분이 있었다. 사무실은 스카라 극장 앞에 있었다. 어느 날 무교동 본사에서 회의를 하고 돌아오자, 이경후 과장이 말했다.

"부장님, 앞으로는 임 사장과 거래를 끊어야겠어요."

"왜? 그 양반만큼 프린트물을 감각적으로 잘 만드는 분도 없잖아."

"글쎄, 이 양반이 그렇게 이야기했는데도 양복티켓을 놓고 갔어요. 어쩔 수 없이 거래를 끊어야겠습니다."

그러고 보니 내 책상 위에도 양복티켓이 한 장 놓여 있었다. 알아보니 모두 세 사람에게 양복티켓을 주고 간 것이었다.

"티켓을 돌려주고, 임 사장을 한번 들어오라고 하지."

그렇게 해서 임 사장이 놓고 간 티켓은 우편으로 반송되었다.

며칠 후 임 사장이 회사로 들어왔다. 나는 그에게 약조를 받았다.

"임 사장님, 우리 직원들은 그런 것 받지 않는다는 거 잘 알고 계시지 않습니까? 이번만큼은 봐 드릴 테니 앞으로는 절대 이런 일 없도록 부탁드립니다. 또다시 이런 일이 생기면 그때는 같이 일할 수 없습니다."

임 사장은 그러겠다고 약속을 하고 돌아간 뒤에도 또다시 비슷한 일을 반복했다. 이 과장은 거래를 끊겠다고 했다.

"이 사람아, 물건 보고 물건 사는 거지 임 사장 얼굴 보고 사나? 다시 주의 주고 좋은 물건은 계속 쓰는 게 좋지 않겠나?"

그러나 결국 이 과장은 거래를 끊어 버렸다. 그의 대쪽 같은 성품으로는 도저히 용납하지 못했을 것이다. 나를 비롯해 당시 나와 같이 일했던 부하직원들도 이런 과정을 지켜보았고 그러다 보니 서로들 자부심이 대단했다. 물론 거래처 사람들과 식사나 맥주 한잔 정도 함께하는 정도라면 괜찮았다.

그런데도 연말이나 명절 때면 이런저런 선물이 들어왔다. 도저히 거절할 수 없는 경우도 적지 않았다. 선물이라는 것은 대부분 직책이 높거나 외주를 주는 직책의 사람들에게 들어오니, 일반 직원들은 소외감을 느낄 수도 있었다. 그래서 나는 선물이 들어오면 일단 모두 모았는데 이경후 과장이 그 일을 맡았다. 어느 정도 모이면, 산타클로스가 선물 보따리를 풀듯 가장 직급이 낮은 직원부터 하나씩 무작위로 나눠주게 했다. 그러다 보면 직급이 높은 직원들의 몫은 없을 때도 있었다. 이럴 땐 회사 경비로 작은 선물을 마련했다.

회사는 사회라는 거대한 바다를 항해하는 한 척의 배와 같다. 뱃길을 잡아 가는 선장의 역할도 중요하지만 갑판원이나 항해사, 기관사 등의 역할도 어느 하나 중요하지 않은 것이 없다. 회사의 지지기반은 현장에서 뛰는 모든 직원들이다.

그들이 열심히 일한다면 회사는 저절로 성장할 것이고 요령이나 피우고 뇌물 등을 받아 챙긴다면, 그 회사의 앞날은 불 보듯 뻔할 것이다. 나는 이를 미연에 방지해야 한다고 생각했다. 처음부터 이런 점을 강조했기에 부하직원들은 불가피하게 큰 선물을 받게 되면 내게 '신고'부터 했던 것이다.

맑고 투명한 것이 이긴다

이런 일도 있었다. 원단 협력업체가 새로 개발한 원단 샘플을 코트나 한 벌 해 입으라며 나에게 보내왔다. 1마에 3만 원 하는 원단이었으니 당시로서는 꽤 고급이었다. 나는 그 원단을 샘플실 재봉사 아가씨에게 주었다. 재봉기술이 있는 직원들이 유용하게 쓸 수 있으리라고 생각했기 때문이다. 그런데 이튿날 출근하자마자 재봉사가 얼굴이 빨개져서 찾아왔다. 그녀의 손에는 원단이 고스란히 들려져 있었다.

"무슨 일이야?"

"저 부장님, 이건 제 것이 아닌데요."

"그게 무슨 소리야?"

그녀는 원단 안에 들어 있던 봉투를 꺼내 보였다. 원단 안에 재봉비까지 들어 있었던 것이다. 과하거나 지나치지 않으면 그런대로 용인하는 편이었는데 이 경우는 좀 지나쳤다 싶어 잠시 고민을 하다가, 현명한 판단이었는지는 모르겠지만 그냥 유용하게 쓰라고 하고 돌려보냈다. 한편으로 그렇게 돈을 들고 온 그녀의 정직함이 고맙기도 했다. 이미 돌려주기에도 너무 늦은 때인 것 같았다.

"그 돈도 네 거야. 네가 받은 선물이니까 그 안에 있는 돈도 네 거지."

코오롱 초년병 시절, 업무상 당시 재무부나 상공부를 자주 드나들었다. 이때는 규정이라는 게 그야말로 이현령비현령(耳懸鈴鼻懸鈴)인 것이 많았다. 그러다 보니 사무관들과 따지고 싸울 때가 많았다. 그런데 평소에는 드나들 때 별 거리낌이 없었는데 명절 무렵에는 드나들기가 난처했다. 그럴 때는 아주 작은 선물을 준비했다. 사람들은 나에게 '짠소금'이라고 했을지도 모르지만, 나는 뇌물 비슷한 것을 주는 일이 너무나도 싫었다.

이때의 불편함은 이후에 선물 방침을 더욱 철저하게 지켜 가도록 하는 계기가 되었다. 명절 때건 특별한 행사가 있는 때건 상관없이 편하게 만나고 상의할 수 있어야 서로 부담없이 업무를 할 수 있고 서로의 관계가 발전할 수 있음을 절실히 느낀 것이다.

간혹 청렴(淸廉)을 융통성이 없다거나 너무 짜게 군다는 식으로 이해하면 곤란하다. 공무원이나 회사직원, 자영업자, 아니 우리 사회의 모든 사람이 서로의 관계나 업무에서 맑고 투명해야 한다. 내가 깨끗해지면 결국 회사가, 그리고 더 나아가 우리 사회가 모두 깨끗해진다는 것은 단순하고도 분명한 진리다.

선물을 주고받는 것은 분명 기분 좋은 일이다. 거절하는 것만이 능사가 아니라는 점도 잘 알고 있다. 하지만 지나치면 독(毒)이 된다. 나는 늘 협력업체에 그런 점들을 강조했다. 지나치면 지나치지 않게 하도록 말하고 그게 안 되면 관계를 끊는 수밖에 없다. 청렴은 결코 양보할 수 없는 대단한 경쟁력의 원천이라고 생각하기 때문이다.

2부

신뢰의 나무를 심어라

'하오리여우(好朋友)', 중국어로 '좋은 친구'라는 뜻이다. 오리온 초코파이의 중국 브랜드명이다. 회사명 오리온과도 잘 어울리는 좋은 이름이다. 1990년대 초부터 수출을 시작한 하오리여우는 중국에서 대단한 인기를 누리고 있다. 중국 13억 인구 전체가 평균 두 개씩은 먹었을 정도다. 우리나라에 초코파이가 태어난 때는 1974년으로 독특하고 뛰어난 맛에 차별화 마케팅까지 뒷받침되어 지금까지 꾸준한 사랑을 받는 것은 물론 높은 브랜드 가치도 지니고 있다. 브랜드는 기업의 원동력이고 생명의 근원이다. 브랜드가 단순히 제조자를 알려 주던 시대는 지나갔다. 삼성, 엘지, 코카콜라처럼 좋은 브랜드는 그 이름만으로도 다른 회사와 차별화된다. 나이키, 피에르 가르댕, 버버리는 또 어떤가. 좋은 브랜드는 천문학적인 가치를 지닌다. 한국 사람은 보나 마나 아니겠습니까? 1980년대 초의 일이다. 국내 의류업계들은 1970년대 후반부터 앞 다투어 외국 유명 브랜드의 의류를 수입하거나 그들과 라이선스 계약을 했다. 당시 국내 의류들도 충분히 품질이나 가격 면에서 경쟁력을 갖추고 있었지만, 브랜드 인지도가 낮아 국내외에서 소비자들의 외면을 받고 있었다. 코오롱 패션사업본부 역시 이미 헤드, 하트막스 등과 제약을 체결한 상태였지만 다시 '크리스찬 디오르'를 들여오기로 하고, 1983년 여름에 나는 프랑스를 방문했다. 하지만 크리스찬 디오르 측에 사전 연락을 해 놓은 상황은 아니었다. 나는 단독으로 오전 9시쯤 파리에 있는 크리스찬 디오르 본사를 찾아갔다. 그런데 회사 현관에서부터 뜻하지 않은 문제에 부딪혔다. "라이선싱 디렉터를 만나러 왔습니다." "무엇 때문에 만나려 하십니까?" 안내를 맡은 직원이 물었다. 나는 명함을 내밀었다. "라이선스 계약을 맺고 싶어서 찾아왔습니다." 그 직원은 명함을 한번 쓱 훑어보더니 냉소적인 웃음을 던지며 말했다. "당신 말고도 한국에서만 벌써 30명이 넘게 다녀갔을 걸요? 다소 무시하는 듯한 느낌이 드는 말이었지만, 내게는 그 직원의 말이 결국 그때까지 크리스찬 디오르와 계약을 맺은 한국 업체가 없다는 얘기로 들렸다. "그러면 나도 한 번 만나게 해 주십시오." "그런데 한국 사람들은 말입니다. 말과 행동이 일치하지 않습니다. 당신도 그런 사람 중 하나일 텐데 만나 보나 마나 아니겠습니까?" 건방지고 무례하기 짝이 없었다. 그야말로 문전박대에 자존심이 상했지만, 아쉬운 건 내 쪽이었다. "어떻게 모든 한국 사람들이 다 같으리라고 생각하십니까? 일단 담당자를 만나게 해 주십시오." 전혀 생각지 못한 일이었다. 당시에는 요즘처럼 항공편이 좋은 것도 아니었다. 더욱이 멀리 아시아에서 힘겹게 찾아온 손님 아닌가. 약소국의 설움을 절감하는 순간이었다. 만나게 해 달라고 거듭 부탁했지만, 안내 담당 직원은 필요 없다며 내뿔다시피 했다. 하루 종일 문 앞에서 승강이를 벌이고 있을 수는 없었다. 문득 '간절히 바라면 이뤄진다'는 지난날의 경험이 떠올랐다. "그럼, 내일 다시 오겠습니다." "다시 올 필요 없습니다." 기가 막혔지만 그냥 물러날 수는 없었다. 그 먼 거리를 많은 경비를 들여 날아왔는데, 담당자 얼굴조차 못 보고 돌아간다면 큰일이 아닐 수 없었다. 특유의 끈기를 활용, 지구전(持久戰)으로 들어가야겠다고 생각했다. 다음날 다시 본사를 찾았다. 어제 그 직원이 나를 보고 어이없다는 듯 웃었다. 또 똑같은 말만 되풀이하다가 돌아오고 말았다. 그 다음날도 또 찾아갔다. 어지간한 사람이라면 내심 계약은 물 건너갔다고 생각했을지 모른다. 하지만 한국의 다른 업체들이 선점하지 않았다면 기회는 아직 살아 있었다. 나는 한 가닥 희망을 포기하지 않았다. 3일째 찾아간 날에도 '현관 문지기'는 돌아가라는 말만 쏟아 냈다. 참는 데도 한계가 있었다. 마침내 나는 목소리를 높여 '일단 만나게라도 해 달라.'고 거세게 항의했다. 그때 마침 70대쯤으로 보이는 한 노인이 지나가다가 우리를 쳐다보았다. 그러더니 이내 나를 상대하던 직원을 한쪽으로 데리고 가더니 뭔가를 묻는 것 같았다. 안내 직원은 그 노인에게 정중하게 허리를 굽실거리며 설명했다. 내가 사흘 동안 매일 아침마다 찾아왔다는 이야기를 하는 것 같았다. 설명을 다 들은 노인은 나에게 다가와 손을 내밀었다. 그가 바로 크리스찬 디오르의 브랜드 오너 미스터 루엣이었다. 나는 마침내 크리스찬 디오르에 입성할 수 있었다. 그리고 차를 대접받았다. "그동안 이곳을 다녀간 한국 사람들이 이런저런 실망을 안겨 드렸다면 죄송합니다. 하지만 한국 사람들이 모두 같다고는 생각하시지 않았으면 좋겠습니다." "좋습니다. 그럼 어디 한번 이야기를 들어 봅시다." 그는 라이선스 디렉터를 불렀다. 당시 크리스찬 디오르 제품 중 란제리 쪽은 이미 한국 와코루와 라이선스 계약이 되어 있었다. 나는 여성의류 쪽에 관심을 보였고 열심히 설명했다. 코오롱이 그동안 발전해 온 이야기와 앞으로 어떻게 일을 진행할 것인지 설명했다. 그리고 끝으로 그를 한국으로 초청했다. "한국에 한번 오십시오. 오셔서 직접 시장을 보시면 한국에 대한 생각이 달라지실 것입니다." 나는 계약을 하지 못한 채 일단 귀국했다. 그런데 불과 며칠 후 미스터 루엣이 내게 연락을 한 뒤 혼자 한국에 들어왔다. 그는 우리의 제안에 깊은 관심을 나타냈다. 나는 속으로 쾌재를 불렀다. 반쯤 계약이 성사된 것이나 다름없었다. 하지만 로열티 책정 과정에서 문제가 생겼다. 나는 정액으로 초년도에 5만 달러, 2차년도에 8만 달러, 3차년도에 12만 달러를 제시하고 반드시 디오르쪽의 디자이너 또는 패터너 1명을 한국에 상주시켜 달라고 했다. 또 필요에 따라 우리 쪽에서 요청하면 우리 직원의 교육도 맡아 달라고 했다. "미스터 리, 로열티로 첫 해에 5만 달러 받으면, 당신 회사에 파견할 한 사람의 경비도 안 나옵니다." 그는 첫 해에 15만 달러, 이듬해에 20만 달러, 3년째는 30만 달러를 로열티로 요구했다. 하지만 도저히 들어줄 수 없는 금액이었다. 나는 깎으려 했고 그는 양보하지 않은 채 이틀이라는 시간이

사람 위에 사람 없고, 사람 밑에 사람 없다

언젠가 텔레비전 뉴스를 보다가 깜짝 놀랐다. 세계적인 여론조사 기관의 조사 결과, 한국 사람들은 나이 마흔을 넘기면 책을 거의 읽지 않는다는 보도 때문이었다. 그만큼 공부를 하지 않는다는 말이다. 꼭 그런 이유 때문만은 아니었지만 처음 보끄레를 창립하고 몇 년 후부터 나는 강당의 중요성을 강조했다. 그리 크지 않은 규모의 회사에 대형 강당을 두는 것은 비경제적으로 보일 수 있다. 그러나 교육의 중요성은 아무리 강조해도 지나치지 않다고 생각했기에 내린 결정이었다.

현재 사옥으로 오기 전에도 초라하지만 5층에 작은 교육장을 마련해 두고 수시로 여러 가지 교육을 실시했다. 지금의 교육장은 그때에 비하면 여관과 호텔만큼이나 차이가 난다. 다소 비좁지만 150여 명이 수강하는 데는 무리가 없다.

나는 유능한 사람이 되기에 앞서 가치관이 올바른 사람이 되어야 한다고 생각한다. 그래서 교육의 반 이상은 인성(人性) 교육이고 나머지가 직무와 관련된 내용이다. 아무리 유능해도 됨됨이가 바르지 못하면 모래 위에 집을 짓는 것과 같다. 교육을 시작한 지 10여 년이 지난 지금, 우리 회사의 가족들은 과거에 비해 놀랄 만큼 긍정적인 방향으로 발전했다고 자부한다.

교육장에는 특정분야의 전문교육이 아니면 전 사원들이 반드시 참석하도록 한다. 학력이 길건 짧건, 직급이 어떻고 나이가 몇이건 상관없다.

특강이 끝나고 사무실로 내려오던 어느 날이었다. 샘플실에서 근무하던 여직원과 복도에서 마주쳤는데 그녀가 '사장님, 고맙습니다.' 라며 인사했다.

"뭐가 고마워?"

"늘 고맙다고 생각하고 있었습니다."

"글쎄, 뭐가 고맙냐고?"

"저희 같은 직원들도 이런 강의를 듣게 해 주셔서요."

그녀는 기능직 사원으로 미싱사였다.

"당연히 들어야지. 우리 가족이잖아. 사장인 나랑 뭐가 달라. 다 똑같지."

우리 회사 가족 각자가 살아온 가정환경이나 학력은 서로 다를 수 있다. 그러나 우리 회사에서만큼은 가족 모두에게 균등한 교육의 기회를 주고 싶다. 물론 직무관련 교육은 관련자들만 듣는 경우도 있다.

그녀의 눈물

1978년 코오롱 부장 시절, 샘플실에서 근무하던 양(梁) 모 직원이 있었다. 기술이 아주 뛰어났는데, 고집이 좀 센 편이었다. 그런데 어느 날 그녀의 사표가 책상 위에 올라와 있었다. 나는 담당 과장을 불렀다.

"일 잘하고 있는데 왜 사표가 올라왔어?"

"잘 모르겠습니다."

"만나서 이야기 좀 들어봐. 지금 그만한 사람 구하기 쉽지 않잖아."

그런데 며칠 지나지 않아 다시 사표가 올라왔다. 다시 담당 과장을 불렀다.

"아무리 설득해도 더 이상 못 다니겠다고 합니다."

"그래? 그러면 내가 한번 만나 봐야겠군."

결국 담당 과장이 그 직원을 데리고 왔다. 담당 과장을 내보낸 후 먼저 입을 뗐다.

"양 선생, 어떤 심정인지는 자세히 모르지만 나 좀 도와주면 안 될까요? 지금 우리 회사는 양 선생 같은 사람이 너무나 필요한데…."

말이 떨어지자마자 양 선생은 갑자기 펑펑 울기 시작했다. 나는 적잖이 당황했다.

"왜 우는 거지요?"

"지금까지 여기서 일하면서 나를 인정해 주고 내게 도와 달라고 말한 사람은 부장님이 처음입니다. 너무 감동 받아서 눈물이 납니다."

말 한마디로 천 냥 빚을 갚는다더니, 그는 이후 10년 넘게 코오롱에서 일했다. 나는 그저 그녀를 나와 다르지 않은 사람이자 동료로 대했을 뿐인데 말이다.

하청공장은 없다

보끄레가 성장하자 점점 거래처가 늘어 갔다. 요즘이야 대다수의 회사가 사용하는 표현이 되었지만 보끄레 창립 초기만 해도 '협력업체'라는 말은 흔히 쓰이지 않았다. 그저 '하청공장'이라는 말로 통했다. 그러나 나는 하청공장이라는 말을 절대 쓰지 말라고 못 박았다. 반드시 협력업체라는 말을 쓰게 했다.

코오롱에서 일할 때도 마찬가지였다. 하루는 생산과 사무실 옆을 지나는데 협력업체 사장이 어느 직원에게 혼쭐이 나고 있었다.

"하청공장에서 계속 이렇게 작업이 늘어져도 되는 겁니까?"

담당 직원이 협력업체 사장을 몰아세우고 있었던 것이다. 무슨 일 때문인지는 모르지만, 협력업체 사장은 벌게진 얼굴로 직원의 말만 듣고 있었다. 마치 칼자루는 내 손에 있으니 언제든 네 목을 칠 수 있다는 식의 말투였다. 나는 당장 그 직원을 내 사무실로 불렀다.

"이봐, 하청공장이라는 말 쓰지 말라고 했는데 왜 쓰는 거지?"

"그냥, 친한 사이여서 자연스럽게 씁니다."

차라리 화가 나서 순간적으로 잘못 말했다고 하면 좋았을 것을, 씁쓸한 기분이 들었다.

"아무리 친하다고 해도 그렇지, 앞으로는 절대 쓰지 않도록 조심해. 그리고 협력업체가 잘돼야 우리도 잘되는 거 아닌가. 인격적인 대우를 받으려면 먼저 그들을 인격적으로 대해야 해."

나는 그날 그 직원을 심하게 나무랐다. 이후 그 직원이 협력업체 관계자들을 어떻게 대했는지는 모른다. 그러나 한 번이라도 다시 그런 일이 내 눈에 띄었더라면 용서하지 않았을 것이다.

하청공장이란 표현에는 상대가 나보다 아래에 있다는 의미가 깔려

있다. 나는 '그분들의 도움이 있기에 우리가 일할 수 있다.'고 생각하
자고 직원들에게 주문한다. 그래야만 그들을 존중하고 그들에게 감사
할 줄 알게 되고 말 한마디도 공손해진다. 또 길게는 서로의 어려움을
가슴을 열고 의논할 수 있는 진정한 동반자가 될 수 있다.

크리스찬 디오르도 손을 내밀다

'하오리여우〔好麗友〕', 중국어로 '좋은 친구'라는 뜻이다. 오리온 초코파이의 중국 브랜드명이다. 회사명 오리온과도 잘 어울리는 좋은 이름이다. 1990년대 초부터 수출을 시작한 하오리여우는 중국에서 대단한 인기를 누리고 있다. 중국 13억 인구 전체가 평균 두 개씩은 먹었을 정도다. 우리나라에 초코파이가 태어난 때는 1974년으로 독특하고 뛰어난 맛에 차별화 마케팅까지 뒷받침되어 지금까지 꾸준한 사랑을 받는 것은 물론 높은 브랜드 가치도 지니고 있다.

브랜드는 기업의 원동력이고 생명의 근원이다. 브랜드가 단순히 제조자를 알려 주던 시대는 지나갔다. 삼성, 엘지, 코카콜라처럼 좋은 브랜드는 그 이름만으로도 다른 회사와 차별화된다. 나이키, 피에르 가르뎅, 버버리는 또 어떤가. 좋은 브랜드는 천문학적인 가치를 지닌다.

한국 사람은 보나 마나 아니겠습니까?

1980년대 초의 일이다. 국내 의류업계들은 1970년대 후반부터 앞 다투어 외국 유명 브랜드의 의류를 수입하거나 그들과 라이선스 계약을 했다. 당시 국내 의류들도 충분히 품질이나 가격 면에서 경쟁력을 갖추고 있었지만, 브랜드 인지도가 낮아 국내외에서 소비자들의 외면을 받고 있었다. 코오롱 패션사업본부 역시 이미 헤드, 하트막스 등과 계약을 체결한 상태였지만 다시 '크리스찬 디오르'를 들여오기로 하고, 1983년 여름에 나는 프랑스를 방문했다. 하지만 크리스찬 디오르 측에 사전 연락을 해 놓은 상황은 아니었다. 나는 단독으로 오전 9시쯤 파리에 있는 크리스찬 디오르 본사를 찾아갔다. 그런데 회사 현관에서부터 뜻하지 않은 문제에 부딪혔다.

"라이선싱 디렉터를 만나러 왔습니다."

"무엇 때문에 만나려 하십니까?"

안내를 맡은 직원이 물었다. 나는 명함을 내밀었다.

"라이선스 계약을 맺고 싶어서 찾아왔습니다."

그 직원은 명함을 한 번 쓱 훑어보더니 냉소적인 웃음을 던지며 말했다.

"당신 말고도 한국에서만 벌써 30명은 넘게 다녀갔을 걸요?"

다소 무시하는 듯한 느낌이 드는 말이었지만, 내게는 그 직원의 말이 결국 그때까지 크리스찬 디오르와 계약을 맺은 한국 업체가 없다는 얘기로 들렸다.

"그러면 나도 한 번 만나게 해 주십시오."

"그런데 한국 사람들은 말입니다. 말과 행동이 일치하지 않습니다. 당신도 그런 사람 중 하나일 텐데 만나 보나 마나 아니겠습니까?"

건방지고 무례하기 짝이 없었다. 그야말로 문전박대에 자존심이 상했지만, 아쉬운 건 내 쪽이었다.

"어떻게 모든 한국 사람들이 다 같으리라고 생각하십니까? 일단 담당자를 만나게 해 주십시오."

전혀 생각지 못한 일이었다. 당시에는 요즘처럼 항공편이 좋은 것도 아니었다. 더욱이 멀리 아시아에서 힘겹게 찾아온 손님 아닌가. 약소국의 설움을 절감하는 순간이었다. 만나게 해 달라고 거듭 부탁했지만, 안내 담당 직원은 필요 없다며 내몰다시피 했다. 하루 종일 문 앞에서 승강이를 벌이고 있을 수는 없었다. 문득 '간절히 바라면 이뤄진다'는 지난날의 경험이 떠올랐다.

"그럼, 내일 다시 오겠습니다."

"다시 올 필요 없습니다."

기가 막혔지만 그냥 물러날 수는 없었다. 그 먼 거리를 많은 경비를 들여 날아왔는데, 담당자 얼굴조차 못 보고 돌아간다면 큰일이 아닐 수 없었다. 특유의 끈기를 활용, 지구전(持久戰)으로 들어가야겠다고 생각했다.

크리스찬 디오르에 입성하다

다음날 다시 본사를 찾았다. 어제 그 직원이 나를 보고 어이없다는 듯 웃었다. 또 똑같은 말만 되풀이하다가 돌아오고 말았다. 그 다음 날도 또 찾아갔다. 어지간한 사람이라면 내심 계약은 물 건너갔다고 생각했을지 모른다. 하지만 한국의 다른 업체들이 선점하지 않았다면 기회는 아직 살아 있었다. 나는 한 가닥 희망을 포기하지 않았다.

3일째 찾아간 날에도 '현관 문지기'는 돌아가라는 말만 쏟아 냈다.

참는 데도 한계가 있었다. 마침내 나는 목소리를 높여 '일단 만나게라도 해 달라.'고 거세게 항의했다. 그때 마침 70대쯤으로 보이는 한 노인이 지나가다가 우리를 처다보았다. 그러더니 이내 나를 상대하던 직원을 한쪽으로 데리고 가더니 뭔가를 묻는 것 같았다. 안내 직원은 그 노인에게 정중하게 허리를 굽실거리며 설명했다. 내가 사흘 동안 매일 아침마다 찾아왔다는 이야기를 하는 것 같았다.

설명을 다 들은 노인은 나에게 다가와 손을 내밀었다. 그가 바로 크리스찬 디오르의 브랜드 오너 미스터 루엣이었다. 나는 마침내 크리스찬 디오르에 입성할 수 있었다. 그리고 차를 대접받았다.

"그동안 이곳을 다녀간 한국 사람들이 이런저런 실망을 안겨 드렸다면 죄송합니다. 하지만 한국 사람들이 모두 같다고는 생각하시지 않았으면 좋겠습니다."

"좋습니다. 그럼 어디 한번 이야기를 들어 봅시다."

그는 라이선스 디렉터를 불렀다. 당시 크리스찬 디오르 제품 중 란제리 쪽은 이미 한국 와코루와 라이선스 계약이 되어 있었다. 나는 여성의류 쪽에 관심을 보였고 열심히 설명했다. 코오롱이 그동안 발전해 온 이야기와 앞으로 어떻게 일을 진행할 것인지 설명했다. 그리고 끝으로 그를 한국으로 초청했다.

"한국에 한번 오십시오. 오셔서 직접 시장을 보시면 한국에 대한 생각이 달라지실 것입니다."

나는 계약을 하지 못한 채 일단 귀국했다. 그런데 불과 며칠 후 미스터 루엣이 내게 연락을 한 뒤 혼자 한국에 들어왔다. 그는 우리의 제안에 깊은 관심을 나타냈다. 나는 속으로 쾌재를 불렀다. 반쯤 계약이 성사된 것이나 다름없었다.

하지만 로열티 책정 과정에서 문제가 생겼다. 나는 정액으로 초년도에 5만 달러, 2차년도에 8만 달러, 3차년도에 12만 달러를 제시하고 반드시 디오르 쪽의 디자이너 또는 패터너 1명을 한국에 상주시켜 달라고 했다. 또 필요에 따라 우리 쪽에서 요청하면 우리 직원의 교육도 맡아 달라고 했다.

"미스터 리, 로열티로 첫 해에 5만 달러 받으면, 당신 회사에 파견할 한 사람의 경비도 안 나옵니다."

그는 첫 해에 15만 달러, 이듬해에 20만 달러, 3년째는 30만 달러를 로열티로 요구했다. 하지만 도저히 들어줄 수 없는 금액이었다. 나는 깎으려 했고 그는 양보하지 않은 채 이틀이라는 시간이 훌쩍 지나가 버렸다.

'미스터 리'라면 믿소

나는 고민했다. 그는 여성의류 쪽의 한국 파트너를 잠정적으로 코오롱으로 결정하고 왔을 터였다. 그런데 우리가 적은 로열티에 여러 가지 요구까지 하니 난감했을 것이다. 그가 떠나기 하루 전날, 나는 마지막이라는 심정으로 그를 만났다.

"세계적인 브랜드의 오너가 왜 그렇게 좁게만 생각하십니까? 아직 한국에는 크리스찬 디오르 브랜드가 소비자들에게 그렇게 잘 알려져 있지 않습니다. 그러니 빨리 한국시장에서 성장해 나중에 더 많은 로열티를 받아 가는 게 더 중요한 일 아니겠습니까? 잘 아시겠지만, 일단 신제품 런칭 후 적어도 3년 정도는 되어야 우리도 이익이 생길 텐데 처음부터 짐이 무거우면 어떻게 일어나겠습니까?"

미스터 루엣은 오랫동안 생각에 잠겼다. 그리고 마침내 입을 열었다.

"미스터 리의 말이 맞소. 그렇게 합시다. 내가 염려한 건 우리 브랜드의 이미지 관리를 제대로 할 수 있을까 하는 점이었는데, 미스터 리라면 충분히 잘 관리해 주리라는 생각이 드오."

"미스터 루엣, 당신 회사의 상표를 들여오면 이미지 관리를 위해 어떤 어려움이 있더라도 3년 동안은 절대로 세일하지 않겠다고 약속할 수 있습니다."

나는 굳건한 각오를 그런 식으로 표현했다. 우리가 제시한 조건으로 계약해 준다면 그 정도는 해 주어야 마땅하다고 생각했다.

"이보게 미스터 리, 신이 만들어도 30퍼센트의 재고는 나는 법이네. 그건 잘못된 생각이지. 그 해 상품은 그 해에 소진하는 걸세."

의외의 대답에 나는 깜짝 놀랐다. 그는 나의 손을 잡았다. 몇 가지 조항들에 대해 세부적인 수정을 하고 계약서에 사인을 했다.

이 일에 그렇게 열심히 매달렸던 것은 '크리스찬 디오르'가 세계적인 브랜드라는 이유 때문만은 아니었다. 마음먹었으니 확실히 마무리를 짓고 싶었고, 최선을 다하면 반드시 좋은 결과로 이어진다는 사실을 확인하고 싶어서였다. 과거 여러 기업들이 크리스찬 디오르를 다녀갔지만 계약을 성사시키지는 못했다. 조건이 맞지 않아 포기한 까닭도 있겠지만, 정말 그들이 나처럼 뛰었는지 궁금하다.

그러나 어떤 이유에서인지 1984년 2월, 내가 코오롱을 떠난 후 디오르는 런칭되지 않았다. 그들에게 '너도 그 많은 한국 사람 중 하나였을 뿐이구나.' 하는 인상을 주었을까 봐 걱정스러웠다. 몇 년 후, 미스터 루엣이 작고했다는 얘기를 들었다.

산요의 고집을 꺾다

이후 일본의 산요와 라이선스 계약을 맺을 때도 비슷한 일이 있었다. 당시 산요는 자체 브랜드가 10여 개나 될 정도로 큰 의류회사였다. 또 영국의 버버리 사와도 라이선스 계약이 되어 있었다. 산요의 버버리는 일본 버버리 코트 시장의 45퍼센트를 점유하고 있을 정도로 큰 회사였으며, 자체적으로 브랜드의 고유한 생산 노하우와 기술을 가지고 있었다. 그런 산요의 코트 일부를 코오롱의 구로동 공장에서 OEM 방식으로 생산하고 있었다.

마침 일본 '인터모드'와의 계약이 끝난 후였다. 그래서 산요의 노하우와 기술을 배울 수 있겠다는 생각에 접촉했지만, 계약이 이루어지기까지는 무려 2년이라는 세월이 걸렸다. 거기에는 이유가 있었다.

산요 측은 자신들의 브랜드를 한국시장에서 그대로 써 달라고 요구했고, 나는 브랜드는 필요 없으니 기술만 달라고 요구하고 있었다. 일본 브랜드가 한국에 별로 알려져 있지도 않은데 많은 광고비까지 써가며 그들의 브랜드를 쓸 이유가 없다고 생각했기 때문이다.

산요는 고집을 꺾지 않았다. 라이선스 이야기가 오간 지 2년쯤 흐른 뒤, 나는 마지막이라는 심정으로 일본에 갔다. 그때 그야말로 말도 안 되는 제안을 했다.

"좋습니다, 당신네 회사의 브랜드를 쓰겠습니다. 그러나 이 경우에는 로열티를 줄 게 아니라 브랜드 홍보료를 받아야겠습니다. 홍보료를 준다면 당신네 브랜드를 써 줄 수 있습니다."

그제야 산요는 두 손을 들었다. 결국 코오롱과 산요는 3년간 기술 라이선스 계약만 하게 되었다. 3년 동안 코오롱은 직원들을 일본으로 파견해 노하우와 기술을 익히게 했다. 물론 3년 동안 로열티를 지불해야 했지만, 우리는 로열티 이상의 무형 자산을 쌓을 수 있었다.

3
최고의 체험이 최고의 서비스를 만든다

2002년 8월, 중국 북경의 북경백화점에 있는 ON&ON 매장에 들렀을 때다. 마침 중국 손님 몇몇이 옷을 구경하고 있었다. 나는 쇼핑에 방해가 되지 않도록 조심스레 바깥쪽에서 매장을 살펴보고 있었다. 매장 직원들은 그때까지 내 얼굴을 한 번도 본 적이 없었다.

얼마쯤 지났을까. 66 사이즈의 한 손님이 원피스를 고르더니 자신에게 맞는 사이즈의 옷을 찾아 달라고 부탁했다. 공간이 협소하여 매장에는 55 사이즈만 걸려 있었던 것이다. 그런데 매장 여직원이 아무렇지도 않게 "메이요우(沒有, 없습니다)." 하고 잘라 말하는 것이 아닌가. 나는 깜짝 놀랐다. 분명 창고에 있을 텐데 창고까지 가서 옷을 찾기가 귀찮은 모양이었다.

만일 우리나라에 있는 매장이었다면 어땠을까. 거의 모든 직원이 66

사이즈의 옷을 찾기 위해 한걸음에 창고로 달려갔을 것이다. 없으면 본사나 타 매장에 조회라도 했을 것이다. 그것이 바로 서비스 정신이다. 그런데 너무도 당연하다는 듯 '없다'고 말해 버리는 중국 직원을 보면서 충격을 받았다. 한편으로는 그 광경을 직접 목격한 것이 천만다행이라는 생각도 들었다. 중국 직원들의 서비스 정신이 이 정도인 줄도 모르고 계속 방치했더라면, 중국 ON&ON 매장들은 성공하지 못했을 것이다.

나는 계속 모른 척하고 옷을 구경하는 체했다. 즉시 내 신분을 밝히고 그 여직원을 훈계할 수도 있었지만 그렇게 하지 않았다. 그래 봤자 내가 떠나고 나면 또 아무 소용없을 것이기 때문이었다.

그때만 해도 중국에는 '고객 서비스'라는 개념이 없었다. 상품을 판다는 개념보다는 그저 손님이 찾아오면 돈 받고 물건을 건네주는 게 다였다. 중국 매장에서 일하는 ON&ON 여직원들도 별반 다르지 않았다. 상냥한 인사는 고사하고 손님이 와서 옷을 고르고 있으면 멀뚱멀뚱 쳐다보고, 손님이 그냥 가 버리면 그런가 보다 했다. 옷을 구입하는 고객에게도 마찬가지였다. 옷을 쇼핑백에 넣어 주고 계산을 하면서도 감사하다는 인사는 하는 둥 마는 둥 했다.

'아! 어떻게 할 것인가?' 돌아오는 비행기 속에서도, 한국으로 돌아와서도 나는 며칠간 고민하고 고심했다.

백문이 불여일견, 최고급 서비스를 경험하다

이거 정말 큰일이구나 싶었다. 중국에 매장이 계속 늘어나고 있는 상황에서, 내가 일일이 매장을 돌며 모든 직원들을 훈계하고 교육시킬 수도 없는 노릇이었다.

무슨 묘안이 없을까? 나는 그 일을 꽤 오랫동안 고민했다. 매장에서 일하는 여직원들도 퇴근하고 밖에 나가면 친구들끼리 식당에도 가고 카페에도 가고 미장원에도 갈 터였다. 그들 또한 거리에 나가면 누군가의 고객이 된다는 말이다. 따라서 서비스 정신이 없다는 것은 그들 스스로 다른 누군가로부터 제대로 된 서비스를 받아 본 적이 없다는 뜻이기도 했다. 여기에 생각이 미치자 순간 아이디어가 떠올랐다.

그들에게는 획기적인 사고 전환이 필요했다. 백문이 불여일견이라고 했던가, 그들에게는 백 마디 말보다 한 번의 절실한 경험이 필요했다. 중국 매장 직원들에게 최고의 서비스를 받게 하자. 나는 이 프로그램을 즉시 실행에 옮겼다. 그들에게 최고의 서비스를 제공해 스스로 체험하고 판단할 수 있는 기회를 주기로 했다. 일단 심천매장에서 3명, 북경에서 1명, 상해에서 2명, 이렇게 모두 6명의 중국 매장 직원들을 5박 6일 일정으로 한국으로 초청했다.

당시만 해도 중국인들의 해외여행은 쉽지 않은 일이었다. 선발된 6명 모두 생애 최초의 해외여행이었다. 꿈에 부풀어 여행 전날 밤잠을 설쳤다고 했다. 모든 경비는 회사에서 부담했다. 나는 그들에게 생애 최고의 여행이 될 수 있도록 몇 가지 준비를 했다. 먼저 경영기획실 담당자를 공항으로 마중 나가게 했다. 첫 해외여행이라 잔뜩 긴장해 있을 그들을 배려하기 위해서였다. 사무실에서는 '중국의 ON&ON 가족을 열렬히 환영합니다. —ON&ON 전체 가족'이라고 적힌 현수막을 준비해 현관에 내걸고 그들을 기다렸다.

마침내 오후 2시쯤, 그들이 본사에 도착했다. 우리는 환하게 웃는 얼굴로 손을 흔들며 다가가 포옹을 했다. 그들의 표정이 환하게 밝아졌다. 사장부터 임원까지 수십 명이 나와 환영해 주니 감격스러운 표정이었다. 엘리베이터 안에도 중국 직원들의 이름을 일일이 적어 '한국방문을 환영합니다!' 라고 붙여 놓았다.

회사 도착 첫날, 5박 6일간의 체험 프로그램에 대해 간략한 설명을 마친 후, 5성급 호텔인 인터콘티넨탈호텔에 여장을 풀게 했다. 일류 호텔의 품격 높은 서비스를 직접 받아보게 하기 위해서였다. 그런 다음 둘째 날, 청담동의 고급 이탈리안 레스토랑에서 식사를 하도록 했다. 깔끔하게 제복을 입은 직원들이 무릎을 꿇고 손님을 올려다보며 메뉴를 골라 주는 모습, 잘 모르는 메뉴를 꼼꼼하게 설명해 주는 모습, 처음부터 끝까지 미소 띤 얼굴로 대하는 모습을 보면서 그들은 놀라워했다. 손님을 귀족처럼 대하는 한국인의 서비스를 체험한 것이다.

그렇게 2일 동안 우리나라 최고의 장소만을 골라 다녔다. 우리는 그저 그들이 온몸으로 일류 서비스를 체험하고 편안하게 즐길 수 있도록 하는 데만 신경 썼다.

그런 다음 이틀 밤은 일부러 3성급 호텔에 숙박하도록 했다. 갑작스런 변화가 무척 이상했겠지만 그것 역시 계획된 일이었다.

사람이란 누구나 편한 것에 쉽게 길들여지게 마련이다. 그들은 이틀 동안 최고급 서비스를 받았다. 그런데 갑자기 약간 저급 호텔에 묵으려니 다소 불편했을지 모른다. 그들은 서비스가 왜 중요한가를 자연스럽게 깨달았을 것이다. 그런 경험을 통해 좋은 서비스와 그렇지 않은 서비스의 차이를 직접 체감할 수 있도록 하였다.

마지막에는 홈스테이를 하기로 하고 자원한 직원들이 중국에서 온 손님들을 각자 자기 집에 초대했다. 자연스럽게 한국 사람들이 사는 모습도 보게 하고, 이런 기회를 통해 서로 허물없이 가슴을 열도록 하기 위함이었다.

물론 우리 집에도 초대했다. 아내에게 부탁해서 칫솔, 잠옷 등과 함께 간단한 선물도 준비했다. 나중에 들어 보니 그들은 홈스테이를 하는 동안 많은 감동을 받았다고 했다. 가족들까지 모두 그렇게 친절하고 섬세하게 배려할 줄 몰랐다는 것이다. 첫 만남이었지만 나는 그들을 가족처럼 대하려고 애썼다. 우리의 따뜻한 마음이 전달될 수 있도록 최선을 다했다. 다른 직원들도 마찬가지였을 것이다.

그들은 한국 직원들과 어울려 함께 찜질방에도 다녀왔다. 우리에게는 특별하지 않은 장소일지 모르지만 그들에게는 굉장히 새로운 경험이 되었다. 떠나기 하루 전, 한국에 와서 보고 느낀 점에 대해 허물없이 얘기하는 자리를 가졌다.

중국 직원들은 일제히 필기구를 꺼내 들었다. 중국인들은 언제나 필기구를 가지고 다니며 메모하는 습관이 있다. 우리가 본받을 만한 점이다. 또 중국 사람들은 발표를 무척 잘한다. 서로 먼저 얘기하려고 손을 번쩍번쩍 든다.

"너무 행복한 시간이었어요. 평생 잊지 못할 것 같아요."

"중국에 돌아가서 고객들에게 어떤 서비스를 해야 할지 알게 되었어요."

"미용실에 갔을 때가 가장 기억에 남아요. 앉아서 기다리고 있는데 미용실의 어떤 직원 분이 제게 잡지를 가져다 주었어요. 게다가 고개를 잘 못 숙이니까 불편할까 봐 책받침대에 받쳐 주었어요. 손님이 무료해 할까 봐 그렇게까지 세심한 배려를 하는 데 정말 놀랐고 감동했어요."

많은 의견들이 쏟아져 나왔다. 한결같이 서비스에 감동을 받았다는 내용이었고, 한국 직원들의 따뜻한 환대에 눈물이 나올 뻔했다는 얘기도 있었다. 모두가 중국으로 돌아가 고객에게 어떻게 서비스해야 할지 스스로 깨달았다고 했다.

고객서비스 체험 프로그램은 성공적이었다. 나는 기쁜 마음으로 얘기를 들었다. 교육 차원을 떠나 중국 아가씨들에게 그렇게까지 깊은 감동을 주었다고 생각하니 뿌듯했다.

중국으로 떠나기 전, 나는 그들에게 단 한 가지 부탁을 했다. 고객에게 인사할 때는 반드시 한국말로 '안녕하세요, 안녕히 가십시오, 또 오십시오!'라고 말해 달라는 것이었다. 그들은 열심히 받아 적었다. 그리고 기꺼이 그러겠다고 약속했다. 그리고 그 약속을 철저하게 지켜 주었다.

서비스 품질은 매출로

한국에 다녀간 후, 중국 직원들은 고객과 눈만 마주쳐도 반갑게 인사하는 친절한 점원으로 변했다. 게다가 한국말로 인사하는 직원들 때문에 한 번 더 손님들의 눈길을 끌게 되고, 다른 매장과 차별화가 되었다. 내가 그들에게 한국말 인사를 부탁한 것은, ON&ON이 한국 브랜드라는 사실을 중국 사람들에게 알리기 위해서였다.

나는 이후 중국에 한국인 매장 직원교육 책임자를 파견했다. 그들은 그를 선생님(老師, 라오스)이라고 불렀다. 한국에서 고급 서비스를 체험할 수 있는 기회를 최대한 많이 주도록 했지만, 그렇다고 중국 매장의 모든 직원을 초대할 수는 없는 일이었다. 그 대안으로 유능한 라오스를 파견한 것이다.

그 중심에 서서 지대한 공헌을 한 사람이 이은경 씨였다. 그는 미국 시민권자로서 로스앤젤레스에 살고 있었다. 잠시 한국에 와서 인천 백화점의 ON&ON 매장책임자로 일한 적이 있었는데 그때 나는 그에게서 무언가 다른 사람이 갖고 있지 않은 뛰어난 마케팅 매니저로서의 자질을 발견했다.

그가 얼마 후 미국으로 돌아가게 되어 인사를 하러 왔을 때였다.

"이은경 씨, 기회가 되면 언제라도 다시 나를 도와주면 좋겠는데…."

"알겠습니다."

그로부터 1년쯤 후 미국에서 전화가 걸려 왔다.

"저, 은경인데요. 아직도 저 필요하세요?"

"물론이지."

그는 그 말 한마디에 시민권까지 포기한 채 아무 조건 없이 나에게 돌아왔고 정말로 중요한 시기에 결정적으로 나를 도와준 사람이다. 지금은 비록 자기 일을 하고 있지만 항상 서로 걱정하며 한 가족처럼 살아가고 있다. 나를 전적으로 믿어 준 그에게 항상 감사하다.

당시 나는 라오스에게 중국 전역을 돌며 3일, 혹은 일주일씩 매장 직원들의 현장 교육을 담당하도록 했다. 가장 중요하게 교육했던 것이 서비스 정신이었음은 두말 할 필요도 없다. 그 후 중국 직원들의 서비스 품질이 몰라보게 달라지기 시작했다. 그것도 놀랍도록 빠른 속도로 말이다.

더욱 놀라운 것은, 한국 방문 이벤트 이후 중국 매장의 매출이 이전보다 정확히 2.5배나 올랐다는 사실이다. 물론 어느 정도 예측은 했지만, 세일즈에서 서비스가 얼마나 중요한 것인지 다시 한 번 절감할 수 있었다.

다른 회사는 싫어요

그때 맺은 인연으로 지금도 나는 가끔 그들과 통화를 한다. 말이 짧아 마음을 다 전하지 못하는 것이 안타깝다. 중국으로 출장을 가면 정말이지 내 자식들보다도 더 반갑게 나를 반긴다. 그들의 모습을 보면 진심은 언제나 통한다는 말이 새삼 떠오른다.

2003년에는 중국 여직원의 간곡한 부탁으로 그녀의 결혼식 주례를 서기도 했다. 심천 매장에서 일하던 그녀는 한국에 초대되었을 때 우리 집에 묵었다. 결혼한 후에도 계속 심천 매장에서 일을 하고 있었는데, 그녀보다 일찍 퇴근한 남편이 매장에 와서 창고정리 등 이런저런 궂은일을 무보수로 도맡아 해 주기도 했다. 우연히 내가 그 모습을 보게 되었는데 나도 모르게 그만 눈물이 핑 돌았다. 그만큼 그녀나 그녀의 남편까지도 우리 회사에 애정을 갖고 자기가 주인이라는 마음으로 일하고 있었던 것이다.

한국 방문 때 인연을 맺었던 직원들은 내가 중국에 갈 때마다 왜 자기들은 만나러 오지 않느냐며 서운해 한다. 언젠가 한번은 일정상 도저히 시간을 낼 수가 없다고 했더니, 심천, 성도 매장 직원들이 상해까지 먼 길을 달려오기도 했다.

그 직원들은 이런 말도 했다. 다른 회사에서 월급을 두 배로 준다고 해도 절대로 가지 않겠다고, 나를 만나지 않았더라면 오늘날의 자기는 없었을 것이라며 고마워한다. 중국인들은 돈에 무척 민감하다. 그래서 이직률이 높은 편이다. 그런데도 월급을 두 배로 줘도 안 가겠다고 하고, 자기 몸값이 오른 이유는 이 회사에 근무하기 때문이라는 말을 들을 때면 가슴이 찡해진다.

그들은 나에게서 감동 받고 나는 또 그들에게서 감동을 받는다. 우리들은 서로가 서로에게 소중하고 감사한 존재들이다.

'예'라고 해야 할 때와 '아니요'라고 해야 할 때

처세(處世)란 무엇일까? 사전적 의미로만 본다면 '남들과 사귀면서 살아가는 일'이다. 나름의 원칙만 갖고 살아간다면 처세는 그다지 문제될 것이 없다고 볼 수 있지만, 그래도 어떤 사람들에게는 쉽지 않은 일일 수도 있다. 처세에 따라 그 결과가 판이하게 달라지기도 하기 때문이다.

코오롱 원단사업부 부장 시절, 신입사원 두 명이 우리 부서로 왔다. 한 명은 서울대 상대 출신이었고 또 한 명은 서울대 법대 출신이었다. 두 사람 모두 똑똑하고 성실했다. 나는 그들에게 담당을 나눠 주고 똑같은 영업일을 맡겼다. 그런데 두 사람의 수금 실적은 판이하게 달랐다. 상대 출신 사원의 경우 수금실적이 좋았으나, 법대 출신 사원은 상인들에게 비난을 늘어놓으며 잔뜩 부어 돌아오기 일쑤였다.

왜 이런 차이가 나는 것일까? 이러한 의문은 그들과 이야기를 나누는 과정에서 금방 풀렸다. 상대 출신 사원의 경우, 항상 상인들의 입장에서 얘기를 들어주고 생각해 주어 상인들이 우호적이었으나 법대 출신 사원은 늘 이런 식이었다.

"물건을 가져갔으면 돈을 줘야 할 거 아닙니까?"

물론 그의 말이 백 번 맞다. 하지만 자기 받을 돈만 챙기려 들고 이쪽 입장은 전혀 배려해 주지 않으니 돈이 있어도 미워서 감추고 안 내놓는 일도 있었다. 두 달쯤 지나자 상인들은 상대 출신 사원은 항상 반기는 반면 법대 출신 사원에게는 적대적이었다. 한 사람은 목적도 달성하고 칭찬도 듣는데, 또 한 사람은 목적도 이루지 못하고 욕만 먹는 꼴이었다.

부러지지 않는 갈대처럼 유연하게

무조건 내 주장만 내세우면 상대는 문을 닫아 버린다. 먼저 그들의 말을 충분히 들어주고 그들의 입장을 배려하며 내 이야기를 하는 게 옳은 순서다.

"당신 회사, 다른 회사보다 빡빡한 거 알아? 우리가 이번에 장사가 잘 안 돼서 그러니까 시간 여유 좀 달라고 해도 그 며칠을 못 참고 말이야."

"빡빡하다뇨? 물건을 가져가셨으면 제 날짜에 입금해 주는 게 도리 아닙니까? 지난번에 왔을 때도 그냥 가라고 하시고 이번에도 그냥 가라 하시면 어떡합니까?"

상인이 내뱉은 불평에 이렇게 응수할 게 아니라, 조금 다르게 이야기해 보면 어떨까.

"그렇죠? 우리 회사가 좀 빡빡해요. 그런 회사에 다니고 있는 제 심정은 또 어떻겠습니까? 오늘도 수금을 못하면 전 또 시말서부터 써야 합니다. 하지만 정 그렇게 사정이 어려우시다는데 어쩌겠어요. 오늘은 제가 그냥 욕 한번 얻어먹고 말죠."

상대의 반응에 맞장구치며 자기 심정을 자연스럽게 드러내는 요령, 즉 처세가 필요한 것이다. 당신이 상인이라면 과연 어느 사원에게 먼저 물건 대금을 지불하고 싶겠는가?

물론 큰 원칙은 지켜야 하겠지만 사람과의 관계에서는 때론 어느 정도의 융통성과 유연하고 친화적인 매너가 필요할 때도 있다. 이것이 바로 '남들과 사귀면서 살아가는' 처세술인 것이다. 처세는 비단 상거래에만 해당하는 것이 아니다. 직장생활은 물론, 부모 자식 관계, 부부 사이, 친구 사이에서도 필요하다. 누군가 나의 의견에 반론을 제기했을 때 무조건 불쾌하게 받아들여서는 안 된다. 수긍이 안 되더라도 반론을 제기한 사람의 입장에서 다시 생각해 보는 여유를 갖고, 상대를 인정하면서 애기를 풀어 가야 성공률이 높아진다.

윈-윈을 위한 결정

코오롱에서 패션사업본부와 스포츠 사업본부장을 겸하고 있던 시절, 이런 일도 있었다.(처음 시작은 두 개의 그룹으로 출발했으나 규모가 커지면서 각각 본부로 확대 개편되었다.) 코오롱스포츠 매장이 대리점 형식으로 확장되어 갈 때였다. 어느 날, 50대 후반쯤 되어 보이는 남자 분이 사장의 '잘 검토해서 선처 바란다' 는 내용의 메모를 들고 찾아왔다. 알고 보니 교감 선생님을 하시다가 정년퇴직하신 사장님 친구 분이었다. 사장님은 내가 그런 지시나 부탁을 무조건적으로 받아들이지 않는다는 것을 알고 계시기에, 직접 이야기하지 않으시고 메모를 적어 보내신 것 같았다.

그런데 그 친구 분은 성미 급하게도 이미 방배동에 매장자리까지 구해 놓은 상태였다. 내 입장에서는 장사가 잘되든 말든, 그냥 대리점만 내드리면 그만이었다. 그러나 직접 위치를 확인하고 판단하는 게 사장님에 대한 예의라고 생각되어 직접 나가 그 매장을 둘러보았다. 그곳은 의류매장들이 모여 있는 곳도 아니었으며, 주변 상가들이 활발하게 장사를 하고 있는 곳도 아니었다. 유동 인구도 많지 않았다. 상가라고 해 봐야 구멍가게 수준의 가게들뿐이어서 도저히 장사가 될 것 같지 않았다. 나는 일단 그분을 회사에 나오시도록 했다.

"제가 직접 매장자리를 살펴보았는데 장사가 될 만한 곳이 아닙니다. 그곳에는 매장을 안 내시는 게 좋을 듯합니다. 매장을 열게 해 드리는 것은 어렵지 않지만 결과가 좋아야 하지 않겠습니까? 그래야 사장님과 선생님 그리고 저 이렇게 세 사람 모두가 편하지 않겠습니까? 그런데 그 자리는 아닙니다. 그러니 좀 더 좋은 자리가 날 때까지 기다려 주시면 어떻겠습니까?"

그분은 떨떠름한 눈길로 나를 쳐다보았다. 사장이 해 주라는데 네가 왜 반대하느냐는 표정이었다. 나는 누차 설명했다.

"절대 오해하지 마십시오. 대리점 냈다가 괜히 장사도 안 되고 그러면 결국 사장님과 선생님의 관계도 불편해질 수 있어 충심으로 드리는 말씀입니다."

그러나 그분은 별로 좋지 않은 안색으로 돌아가셨다.

그런 일이 있은 후 6개월 정도 지났을 때였다. 마침 잠실 쪽에 적당한 매장이 하나 나왔다. 어쨌든 대리점이 잘되면 우리 사업부도 잘되는 것이니까, 좋은 자리를 늘 찾아보라고 지시해 놓은 상태였다. 나는 사장님을 찾아갔다.

"사장님, 꽤 괜찮은 가게가 하나 나왔습니다. 그 자리에서 장사를 하면 될 것 같습니다."

사장님은 처음에는 무슨 말을 하는지 알아듣지 못하시는 얼굴이었다.

"6개월 전쯤 교감 선생님 하시다가 퇴직한 분이 대리점 내겠다고 하셨잖습니까? 그분이 방배동에 잡아 놓았다는 가게는 장사하기에 마땅치 않아 당시엔 그냥 만류했습니다. 그런데 이 자리는 정말 괜찮을 것 같아서…."

그제야 사장님은 말뜻을 알아차리셨다.

"어? 그 친구 벌써 문구점 냈는데 지금 상황은 어떤가 모르겠네. 전화를 한번 해 보지."

며칠 후 그 친구 분이 다시 회사를 찾아오셨다.

"정말 괜찮은 매장이 나왔습니다. 이 자리라면 대리점을 해도 될 것 같습니다."

그분 표정엔 미안한 기색이 역력했다.

"나는 본부장이 사장님 지시라 불편해서 나한테 매장을 안 내주려고 그런다고 생각했습니다. 정말 고맙습니다. 그런데 지금은 이미 문구점을 낸 상태라 여력이 없네요."

"정말 좋은 자린데, 가능하다면 한번 해 보시죠."

그분은 무척 미안해 하시면서 문구점을 내느라 더 이상 여유가 없다며 그냥 돌아가고 말았다. 그런 저런 일로 사장님과 나 사이에 자연스럽게 신뢰가 쌓여 갔던 것 같다. 만약 그때 대리점을 내주고 장사가 안

됐다면, 결국 신뢰도 깨지고 이래저래 여러 사람의 관계도 불편해졌을
것이다.

상급자가 지시를 한다고 해서 무조건 '예'를 했다가는 좋은 결과를
얻기 어려운 경우가 있다. 또한 늘 '예'라고 말하는 게 상사를 제대로
보좌하는 일도 아니다. 기업조직은 명령에 살고 명령에 죽는 군대가
아니다. 아니, 설혹 군대라 하더라도 명확히 잘못된 명령에는 '아니
요'라고 대답해야 한다. 그래야 서로가 '윈-윈' 할 수 있고 신뢰를 쌓
아 갈 수 있다.

5
(주)보끄레의 탄생

'보끄레'라는 회사명이 무슨 뜻인지 물어보는 사람들이 많다. 프랑스말이냐고 묻는 사람도 있다. 보끄레는 '의류 사업은 아름다움을 창조하는 작업'이라는 의미에서 탄생했다. '뷰티(Beauty)'와 '크리에이션(Creation)'을 합성한 말이다. '보끄레(BEAU＋CRE)', 어감에서 전해지는 수줍은 듯하면서도 감칠맛 나는 무언가가 느껴지지 않는가? 영어식으로 발음하면 '뷰크리'겠지만 패션을 하다 보니 조금 달리 발음하기로 한 것이다.

1991년, 보끄레를 설립해 본격적으로 의류 사업에 뛰어들게 된 데에는 코오롱 시절 잠깐 인연을 맺은 한 사람의 덕이 크다. 처음에는 나 스스로 보끄레를 세울 생각을 하지 않았다는 이야기다.

작은 배려가 더 큰 인연이 되어

코오롱 입사 4년째, 폴리에스테르 원사 판매를 담당하고 있을 때의 일이다. 대구에서 직물공장을 하던 업체가 있었는데 한 달에 약 20톤 정도의 실을 쓰는 규모의 공장이었다. 지금이야 20톤 정도면 공장 축에도 들지 못하는 수준이지만 당시로서는 비교적 큰 규모였다. 그런데 사장이 있는 돈 없는 돈 다 털어 마련한 공장이다 보니 운영자금이 늘 부족했는지 한 번에 5톤이나 10톤씩 살 여유가 없는 듯했다. 수시로 500킬로그램이나 1톤, 이렇게 소량을 구입해 갔다. 실을 구매하는 일은 직물공장 사장의 아들이 맡았는데, 당시 대학교 4학년이었다.

원사 구매 사정이 어려워 당시 선경의 영업부장이던 학교 선배를 찾아가 도움을 청했는데 워낙 구입량이 적어서 그런지 선배가 별로 신경을 써 주지 않은 모양이었다. 그는 결국 코오롱을 찾아왔다. 그리고 나에게 공장의 상황을 설명하고 실을 조금씩 사 갈 수 있게 해 달라고 부탁했다. 그리 어려운 일이 아니었다. 실 500킬로그램을 준비해 전화를 걸면 그가 달려와 실을 사 갔다. 또 실 1톤을 준비해서 연락하면 또 와서 가져가는 식으로 계속 우리 물건을 받아 갔다.

물론 외상도 아니었고 그때그때 현금을 받았다. 내가 한 일이라고는 공장 자금 상황이 힘들지 않게 소량의 실을 가져갈 수 있도록 배려한 게 전부였다. 거래를 하는 공장에 대한 기본적인 배려에 지나지 않았다. 그러던 어느 날, 그 학생이 나를 찾아와 통장을 건넸다. 뭔가 싶어 들여다보니 3개월을 불입한 적금 통장이었다. 1개월 불입금이 나의 한 달 월급 정도였던 것으로 기억한다.

"이거 가지고 계세요. 제가 매달 적금을 넣어드리겠습니다."

소량의 실을 구입해 가는 것이 고맙고 미안했던 모양이다.

"사람 잘못 봤습니다. 우리처럼 앞날이 창창한 사람들이 이래서야 되겠습니까? 이거는 가져가시고 일이나 열심히 해 보십시오. 내가 공짜로 주는 것도 아니잖아요? 다시는 이런 생각 하지 마세요."

그는 얼굴이 빨개져 어쩔 줄 몰라 했다. 그 후에도 나는 그의 공장 사정에 맞추어 실을 공급해 주었다. 실을 싸게 준 것도 아니고 코오롱에 손해를 끼치면서 그를 도와준 것도 아니었다. 이후 내가 다른 부서로 자리를 옮기면서 그와의 연락도 끊어졌다. 그러고는 그를 까맣게 잊고 살았다.

그 후 1990년 가을, 거의 20여 년 만에 그에게서 전화가 왔다.

"코오롱 그만두셨다면서요?"

무척 반가웠다. 그동안 어떻게 지냈는지 소식도 궁금하고 해서, 몇 차례 만나 점심이나 저녁을 같이하며 여러 가지 이야기를 나누게 되었다. 그러던 어느 날 그가 패션 브랜드를 하자고 제의했다. 내가 오랫동안 패션사업에 몸담았기 때문이었을 것이다. 힘들 때 받은 사소한 배려는 더 크게 느껴지는 모양이다. 나는 잊고 살았지만, 그는 그 시절 내가 준 도움을 고맙게 기억하고 있었던 것 같다.

"아직 생각해 본 적도 없고 자금도 준비가 안 되어 있으니 시간을 갖고 천천히 검토해 봅시다."

그리고 나는 이렇게 덧붙였다.

"지금 하는 일도 그럭저럭 잘 굴러가고 있고, 욕심내면 뭘 합니까? 만약 같이 일을 한다면 당신이 1억 내면 나도 1억을 내서 시작해야 할 텐데, 지금은 자금 여유가 없으니 나중에 내가 돈을 좀 벌거든 그때 다시 얘기합시다. 당신 혼자서 돈 대고 하는 거라면 나는 더욱 안 할 것이고…"

그날 이후 이 문제를 놓고 그와 한 반년쯤 승강이가 이어졌다.

"지금 네 돈 내 돈 따질 게 뭐 있겠습니까? 자금은 나에게 있으니 있는 대로 갖고 시작하면 되는 거죠…."

그 또한 고집을 꺾지 않았다. 목표를 향해 끈질기게 나아가면 결국 이루어지는 것이 세상 이치인가 보다. 결국 내가 졌다. 이렇게 해서 탄생한 것이 바로 오늘의 (주)보끄레머천다이징이다.

변함없는 신뢰와 애정을 바탕으로

코오롱 시절 맺은 작은 인연이 더 큰 인연이 되어 하나의 회사를 만들게 된 것이다. 그는 나와 함께 보끄레의 최대 주주다. 인연이란 바로 이런 것이다. 지금까지 15년을 함께 일하는 동안, 단 한 번도 그와 다투거나 언쟁을 한 적이 없다. 그 또한 내가 하는 일에 이러쿵저러쿵 관여한 적이 없다. 형제끼리 동업을 해도 다툼이 있게 마련인데 말이다. 아마도 지난날부터 쌓아 온 서로에 대한 애정과 신뢰가 바탕에 있기 때문이라고 생각한다. 그것 외에는 다른 이유를 찾을 수가 없다.

보끄레를 창립할 당시, 나는 그에게 한 가지 제안을 했다. 보끄레는 주주만의 회사가 되어서는 안 되며, 내 회사만도 네 회사만도 아닌 직원들과 함께하는 회사가 되어야 한다는 것이었다. 그는 흔쾌히 요구를 받아들였다. 공동경영을 시작하고 몇 년 후, 그에게 이렇게 말한 적이 있다.

"우리가 비록 형제는 아니지만 서로 이런 신뢰를 유지해 나가고 있다는 걸 후배들에게 보여 주는 것 또한 매우 뜻 깊은 일 아니겠는가?"

6

행운은 예고 없이 찾아온다

국가경제가 발전할수록 노동집약적 산업은 자연스럽게 붕괴된다. 일본의 경우가 좋은 사례다. 일본은 1960년대 이후부터 세계 경제대국으로 성장하면서 노동임금이 상대적으로 저렴한 생산기지를 필요로 했고, 상당 기간 한국을 그들의 생산기지의 하나로 활용했다. 이제 선진국 문턱에 다다른 우리나라도 일본의 전철을 밟아 가고 있다. 중국, 인도네시아, 베트남 등 해외에서 생산기지를 모색하게 된 것이다.

일찍이 중국이 향후 엄청난 규모의 생산기지 및 소비시장으로 변모하리라고 예상했던 나는 1997년부터 본격적인 중국 진출을 준비하기 시작했다. 그런데 문제는 어떤 개념으로 중국에 진출하느냐 하는 것이었다. 생산기지로만 볼 것인가? 제2의 시장으로 볼 것인가? 그저 노동집약적 생산기지로만 활용하는 중국은 그다지 매력적이지 않았다.

나는 중국 진출 구상이 서자 직원들에게 중국 공부를 하게 했다. 중국어와 중국 문화에 대해 집중적으로 관심을 갖게 하고 사내에서 여러 관련 강좌를 들을 수 있도록 했다.

"우리, 중국으로 가자!"

나는 호기롭게 외쳤다. 중국을 생산기지인 동시에 우리의 제2의 판매시장으로 개척하자고 외쳤다. 그런데 직원들의 반응은 신통치 않았다. 얼떨떨한 표정들이었다. 그러나 이미 그때부터 한국 내 공장들은 높은 인건비 등으로 인해 병들어 가고 있었다.

만리장성을 오르듯이

1999년 8월, 보끄레는 드디어 심천에 있는 만치(萬企)기업과 손을 잡게 되었다. 홍콩에서 만치기업과 원단 거래를 오래했던 한(韓) 사장이란 분의 중개로 이뤄진 일이었다. 만치기업은 'JANE STORY'라는 자체 브랜드가 있는 의류회사였는데, 중국 내에 100여 개가 넘는 매장을 갖고 있었다.

만치기업과 합작 계약 후, 우리는 ON&ON 의류를 공급하고 그들은 심천에 매장을 하나 내서 판매하는 방식으로 첫 출발을 했다. 그런데 3개월가량 지나고 보니 뭔가 잘못되고 있다는 생각이 들었다. 합작 회사인 만큼 서로의 브랜드를 각각 키우고 확장해 가야 하는데 그게 아니었다. 우리 브랜드 중에서 인기가 높고 팔릴 만한 물건이 나오면 그 상품을 바탕으로 자기들의 신상품을 개발하고 있었다. 아이디어와 기술을 유출한 셈이었다.

"이 상태로는 도저히 안 되겠습니다. 당신이 중개했으니 직접 매장 운영을 한번 해 보는 게 어떻겠습니까?"

당초 우리에게 만치기업을 소개한 한 사장에게 이렇게 제안했다. 그런데 문제는 한 사장이 원단에 대해서는 잘 알지만 패션은 전혀 모르는 사람이라는 점이었다.

"우리가 노하우를 가르쳐 드릴 테니 시작하십시오. 패션을 모르는 사람에게 책임지라고 할 수는 없으니, 리스크는 내가 책임지도록 하겠습니다. 그러니까 열심히 해 보십시오."

"그러면 한번 해 보도록 하겠습니다."

이렇게 해서 우리는 독자적으로 새 출발을 했다. 중국 시장은 짧은 기간의 노력만으로는 알지 못할 부분들이 많았고, 그래서 그에게 일단 맡겨 보기로 한 것이다. 한 사장은 일을 매우 잘 해냈다. 그런데 리스크를 주지 않으려다 보니 물건을 외상으로 공급해야만 했다. 몇 차례 만나면서 좋은 사람이라는 것은 알고 있었지만, 직접 거래를 해 본 적은 없었다. 하지만 나는 사업 파트너로서 그를 믿었다. 그래서 1999년 말 2억 원의 여신을 주기로 결정했다. 외상 수출이었던 것이다. 직원들 사이에서 걱정하는 말이 나왔다.

"사장님, 도대체 그분을 어떻게 믿고 2억 원씩이나 외상을 줍니까? 돈을 못 받을 수도 있는데 그때는 어떡하시렵니까?"

"호랑이를 잡으려면 호랑이 굴로 들어가야지. 그리고 남의 나라에 가서 성공하려면 그 정도 위험은 감수해야 하는 거 아니야? 어떻게 한 푼도 손해 보지 않고 성공하려고 그러나?"

하지만 직원들의 염려가 무색하게도 제 날짜에 판매대금이 정확히 들어왔다. 매장도 하나 둘 늘어나기 시작했다. 세 곳 네 곳 늘어나다 보니 여신 2억 원으로 원활히 돌아가지 못했다. 그래서 여신 규모를 5억 원으로 늘렸다. 그 후로도 판매대금은 제 날짜에 정확하게 들어왔다.

그렇게 해서 매장이 20여 개까지 늘어나고 매출도 급신장하여 명품 브랜드라 불리며 승승장구했다. 전산시스템이나 판매 사원 교육 등은 모두 본사에서 지원했다.

그러나 규모가 커지기 시작하니 관리에 문제가 생겼다. 한 사람이 일하는 데에서 벗어나 시스템이 일을 하도록 하는 일대 전환이 필요하게 된 것이다.

결국 관리시스템을 보강하기 위해 본사에서 중국으로 몇몇 직원들을 파견했다. 그런데 이게 또 문제였다. 중국에 대해 만반의 준비를 한다고 하고 나갔지만 그 또한 피상적인 지식에 불과했다. 계속해서 이런저런 문제가 발생했다. 방치했다가는 자칫 공중분해될지도 모르는 상황이었다. 지금도 그렇지만 당시의 중국 상황은 외국기업이 활동하기에는 많은 어려움이 있었다.

"우리와 합자합시다."

나는 늘 한 사장에게 관리상 허점이 발생하지 않도록 유의해 줄 것을 부탁했다. 그때마다 한 사장도 걱정하지 말라고 화답했지만, 그도 나도 훗날 어떤 문제가 생길 수도 있겠다는 우려를 하고 있었다. 그 무렵 한 사장으로부터 전갈을 받았다. 나도 아는, 우루무치에서 사업을 하는 사람의 친구 두 사람이 관광차 한국에 갈 일이 있으니 잘 부탁한다는 내용이었다.

세상일이란 한 치 앞도 내다보지 못한다고 했던가. 그들이 훗날 우리의 중국 비즈니스 파트너가 되리라고는, 한 사장이나 나도 전혀 예상하지 못한 일이었다. 그들도 마찬가지였을 것이다.

아무튼 이왕 한국을 관광하러 온 길이었으니 나는 그들을 우리 회사로 데려와 이것저것 보여 주고 설명도 해 주었다. 그때만 해도 두 사람은 우리 브랜드를 잘 몰랐고 중국 시장에서 어떤 평가를 받고 있는지도 모르고 있었다. 그런데 돌아간 후에 우리 브랜드에 대해 알아 본 모양이었다. 우리 브랜드가 중국의 거의 모든 백화점에서 외국 브랜드 가운데 1위의 매출을 올리고 있다는 사실을 알게 된 그들은 우리 브랜드에 욕심을 냈다.

"우리와 합자합시다."

알고 보니 그들은 중국에서 꽤 큰 국영회사인 '화륜그룹' 사람들이었다. 나는 한 사장과의 합의하에 그들과 합자회사를 설립하기로 했다. 우리의 묵은 걱정을 해소해 주리라는 기대 때문이었다. 철저한 준비와 장기적인 안목, 고가 전략, 차별화된 고객 서비스 등으로 ON&ON은 중국 여성들이 선호하는 고급 의류 중 하나로 성장해 갔다.

그런데 한 가지 문제가 발생했다. ON&ON을 화륜그룹과 합자하다 보니, 그동안 열심히 일해 온 한 사장이 할 일이 없었다. 그의 노력이 없었다면 ON&ON이 중국에서 그렇게 성공할 수는 없었을 터였다. 나는 새로 런칭한 브랜드인 'W닷'의 중국 경영권을 그에게 넘겨주었다.

새로운 출발

2004년 12월 11일, 세계무역기구(WTO)의 개방일정에 따라 중국은 유통산업을 개방하게 된다. 그러나 원칙적으로는 개방이 되었지만 후속조치인 시행령 등이 준비가 안 돼서 본격적으로는 출발하지 못하고 있었다. 그래도 우리는 나름대로 철저한 대비를 하고 기다렸다.

이듬해 중국정부의 시행령이 발효되자마자 2005년 6월, 독자법인 신청을 해서 9월 달에 중앙정부의 허가를 받았다. 중국에서 도매, 소매, 무역 컨설팅을 할 수 있는 허가를 받은 것이다. 이런 변화는 본사가 중국 사업의 직접적인 주체가 되었음을 의미했다.

법인대표는 나로 되어 있지만 중국에서의 실질적인 매장 및 직원 관리는 한 사장이 하는 식으로 업무가 분장되었다. 중요한 정책 결정은 논의를 하지만, 중국에서의 통상적인 모든 일은 한 사장이 결정하도록 했다.

나는 나와 인연을 맺은 사람이라면 어떤 경우에라도 그가 성공할 수 있도록 끝까지 함께 가야 한다고 생각한다. 우리 회사가 존속하는 한 건강한 관계도 계속되는 게 바람직하다. 그런 관계를 법적으로도 보장하는 뜻으로 중국 법인의 일정 주식도 한 사장에게 주기로 했다.

나는 인연의 소중함을 알고 있기에 함부로 인연을 맺지도 않을뿐더러 또 한 번 맺은 인연은 정성으로 그 인연이 계속되도록 노력한다. 이는 내가 오랫동안 일을 해 오면서 세운 나의 원칙이자 소신이다.

7

권위는 명령을 내리라고 있는 게 아니다

고객의 욕구는 언제나 움직인다. 고객의 욕구가 고정되어 있다면 어느 때 상품을 내놓아도 문제가 안 되겠지만 그렇지 않은 게 현실이다. 고객이 원할 때, 바로 그때가 적기다. 일을 잘한다는 것은 늘 움직이는 고객의 마음을 읽고 그에 철저하게 대비한다는 뜻이다. 그러기 위해서는 끊임없이 생각하고 발 빠르게 움직여야 한다. 스피드에서 뒤지면 그 경쟁은 끝난 것이나 마찬가지다.

항상 솔선수범하라

코오롱에서 부장으로 일할 때다. 명문대 출신의 영업과장 L이 있었는데 상당히 명석하고 능력도 있는 친구였다.

그때는 초창기라 매출규모가 그다지 크지 않았고, 인원도 적다 보니 1인 2역, 3역을 해야 하는 시기였다. 사무실은 2층에 있었고 1층에는 창고가 있었는데 나는 출퇴근할 때마다 반드시 창고를 둘러보았다. 상품이 창고에 들어오면 각 매장의 주문내용에 맞춰 분류한 다음 즉각 배송해야 하는데 제대로 시행되고 있는지 확인하기 위해서였다.

그런데 어느 날 창고를 확인해 보니 출고됐어야 할 상품이 그대로 쌓여 있었다. 깜짝 놀란 나는 L과장을 찾았다. 그는 2층 사무실에 태연히 앉아 있었다. 어찌된 일이냐고 묻자 그는 곧 조치하겠다고 했다. 배송은 영업과장 담당이었다. 나는 서둘러 물건을 매장으로 내보내라고 지시했다.

이튿날 아침 여느 때처럼 출근길에 창고에 들렀다. 그런데 어제 그 상품이 여전히 창고에 쌓여 있는 게 아닌가. L과장은 명문대 출신에 과장인 자신이 어떻게 직접 물건을 분류하고 나르느냐고 생각한 듯했다. 그래서 자기가 할 일인데도 시킬 사람을 찾느라 방치하고 있었던 것이다.

나는 아무 말도 하지 않고 기사를 부른 후 제품을 분류해 넣은 박스를 차에 옮겨 실었다. 옷이 가득 담긴 박스는 생각보다 무겁고 부피도 크다. 금세 등줄기에서 땀이 배어 나왔다. 그런 다음 기사와 함께 서울 시내를 돌며 각 매장에 물건을 내려 주었다.

그날 저녁, 창고로 내려간 영업과장은 창고가 텅 빈 것을 보고 깜짝 놀라 다른 직원들에게 물어보았다.

"오늘 아침 부장님께서 직접 매장으로 배송했습니다."

그제야 그는 나에게 미안한 마음이 들었던 모양이다. 그날 이후부터는 창고에 제품이 적체되는 일이 없었다.

나는 지금도 상황이 급하면 언제라도 어떤 궂은일도 마다않고 직접
할 마음의 준비가 되어 있다. 그래야 직원들이 진심으로 따르게 된다.
진정한 권위란 목에 힘을 준다고 얻게 되는 것이 아니다. 부하직원들
이 믿고 따르고 받들고 본받고자 할 때 갖게 되는 것이다.

8 해외 시장, 그들의 마음과 문화를 공략하라

중국의 시장 개방 이후, 수많은 우리 기업들이 앞 다투어 중국으로 진출했다. 그중에는 성공한 기업도 있지만 실패한 기업들이 더 많다. 우리나라와 국교를 맺은 지 14년, 시장을 개방한 지 30년 가까이 지났지만, 아직도 중국을 제대로 모르고 진출하는 경우가 대부분이다.

나도 마찬가지다. 아직도 중국과 중국인을 제대로 이해했다고 말하기는 어렵다. 하지만 그동안의 경험을 통해 어느 정도는 중국인들의 특성을 파악했고 그에 맞는 대응책을 꾸준히 모색해 오고 있다.

'지피지기면 백전불태'라 했던가. 중국이라는 나라를 잘 알고 중국인이 어떤 민족인지 파악한 뒤, 중국시장에 진출한다면 그만큼 성공 확률도 높아질 것이다. 그렇다면 중국은 과연 어떤 나라인가?

다 알다시피 중국은 13억의 인구를 가진 대국(大國)이다. 면적 또한 한국의 98배에 달할 만큼 광대하다. 따라서 누가 중국에 대해 이렇다 저렇다 얘기한다 해도 어쩌면 장님이 코끼리 다리 만져 보고 기둥처럼 생겼더라, 귀를 만져 보고 부채처럼 생겼더라 하고 말하는 꼴이 될 수밖에 없을 것이다.

사람들이 현대사의 한 단면을 보고 부정적인 면의 얘기도 많이 하지만 기나긴 양국의 역사적 관계 속에서 크게 보면 긍정적인 면이 더 크다고 본다.

그들이 1949년 이래 40여 년간의 단절의 시기로 인해 우리와 다른 문화를 갖게 된 것도 사실이다. 그러나 그 40여 년은 5,000년의 역사 속에서 볼 때는 단지 작은 점에 불과하다고 본다. 때문에 우리는 서로의 다른 점을 상호 이해하고 극복하면서 공동의 발전과 번영의 큰길을 모색해 나아가야 할 것임은 누구도 부인하지 못할 것이다.

20년 가까이 지속된 혼란

문화와 관습은 역사의 산물이다. 현대사 속에서 보면 중국은 우리와 많이 닮은 것 같으면서도 전혀 다른 나라다. 지리적으로 인접해 있고 역사적으로 많은 부분을 공유하고 있지만, 1949년 마오쩌둥에 의해 중화인민공화국이 건국된 이래 수교가 될 때까지 40여 년의 긴 단절의 시기가 있었다. 이 시기에 우리는 자본주의 시장경제 체제 속에서 살아왔고 중국은 사회주의 경제체제를 유지하면서 우리와는 철저히 다른 삶을 살았다.

또한 중국에는 그동안 두 가지 커다란 사건이 있었다. 이로 인해 중국이 20년은 후퇴했을 것이라고 얘기하기도 한다. 하나는 '대약진 운동(1958~1960)' 이고 다른 하나는 이른바 '문화대혁명(1966~1976)' 이다.

어느 나라나 마찬가지겠지만 마오쩌둥에게도 건국 이후 제일 시급한 과제가 정치적 안정이었을 것이다. 혹자는 마오쩌둥이 한국전쟁에 참여한 이유에 대해 정치적 이념이 같은 김일성을 돕는다는 명분을 내세웠지만, 실상은 국내정치의 불안 요인을 줄이기 위한 조치였을 것이라고도 얘기한다. 국민의 관심을 외부로 돌리기 위한 수단이었을 개연성이 있다는 것이다.

그 후 정치가 어느 정도 안정을 찾게 되자 이제 어떻게 하면 국민들을 잘 먹고 잘살게 할 수 있느냐 하는 문제로 고심했을 것이다. 이런 경제 문제를 해결하고자 마오쩌둥은 비약적 경제 발전을 위해 '대약진 운동'을 전개했다. 당시 그들은 연 25퍼센트 정도의 경제 성장률을 목표로 했다. 아무리 경제 수준이 낮은 국가라 할지라도 이는 사실상 불가능에 가까운 수치였다. 첫해인 1958년에는 그 목표를 달성할 수 있었다. 정책이 훌륭해서가 아니라 운 좋게도 그해 대풍이 들어 농업 생산량이 대폭 증가했기 때문이었다. 그 후 1959년과 1960년에는 반대로 커다란 재해가 발생했고 대약진 운동은 결국 실패로 막을 내릴 수밖에 없었다. 그런 와중에 약 1,500만여 명이 아사하거나 숙청되었다고 한다. 당연히 책임 공방이 벌어지고 공산당 내부에 분열이 일었다.

이후 1966년 마오쩌둥이 중국의 혁명정신을 재건한다는 명목으로 이른바 문화대혁명을 추진했다. 대대적인 숙청이 단행되고 국가는 유례없는 혼란으로 치닫게 되었다. 학교가 폐쇄되고 서적과 문화재가 불타고 많은 지식인들이 여러 죄목으로 숙청되거나 피살되고 지방으로 강제 이주되기도 했다. 당연히 경제도 더욱 악화될 수밖에 없었다.

10년 동안 지속된 정치적 혼란의 소용돌이 속에서 약 5,000만여 명이 숙청 또는 피살되거나 굶어 죽었다고 한다. 이런 시기에 중국인들에게 가장 절실한 관심사는 어떻게 하면 나와 내 가족이 살아남느냐 하는 것일 수밖에 없었다.

'커이[可以]' 속에 담긴 여러 가지 의미

우리가 중국을 왕래하면서 또 그들과 함께 일하거나 교류하면서 우리 상식으로는 도저히 이해되지 않는 그들만의 특성을 종종 접하게 된다. 몹시 당혹스럽기도 하고 때로는 저 사람에게 혹시 문제가 있는 것은 아닌지 의심스러울 때도 있다. 하지만 만약 우리가 그들과 똑같은 정치 사회적 환경에서 살았다면 우리도 그렇게 될 수밖에 없었을 것이다. 그러니 우리 잣대로 비판하기보다는 있는 그대로 우리와는 많이 다르구나 하고 이해하면서 접근해야 할 것이다. 그들의 잣대로 보면 우리가 다르게 보일 것이기 때문이다.

그들의 특성 몇 가지를 예로 들어보자.

중국인들은 대개 잘못을 잘 시인하지 않는다. 중국 공산당은 정치 경제 사회적 혼란기에 정적이나 밉보인 사람들에게 없는 죄도 만들어 덮어씌웠을 것이다. 따라서 그들에게는 잘못을 인정하는 것이 곧바로 어떤 형태로든 불이익으로 돌아올 수 있다는 잠재의식이 생겨났을 것이다.

또 그들은 매우 수동적이고 시키는 대로만 할 뿐 적극적으로 사고하거나 창의적으로 행동하지 않는 경우가 많다. 어쩌면 그들의 지도자들이 지휘 통솔하기가 편하다는 이유로 그것을 원했는지도 모른다. 괜히 잘해 보겠다고 나섰다가 칭찬은커녕 핀잔 당하거나 손해 보는 경우가 더 많을 수 있어 생겨난 특성이 아닐까 싶다. 열심히 하든 안 하든 시간만 때우면 똑같은 대우를 받으니 열심히 일할 필요성도 느끼지 못하고 창의성을 발휘하는 것도 의미가 없었을 것이다. 물론 이러한 특성은 중국 민족의 고유한 개성이라기보다는 40여 년간의 공산, 사회주의 체제가 낳은 유산 중 하나이고 과도기적 현상으로 이해해야 할 것이다.

그들은 또 남의 일에 별로 관심이 없고 남을 사랑하거나 배려하는 것에 익숙하지 않은 것 같다. 얼마 전 베이징의 버스 안에서 사람들의 무관심 속에 한 사람이 압사당한 일을 기억할 것이다. 이 일을 두고 중국인들 스스로도 남의 일에 이토록 관심이 없음을 개탄하기도 했다.

만일 A라는 사람이 회사에서 일을 잘못 처리해 주의를 받는다고 하자. 그 자리에 A와 비슷한 일을 하는 B라는 사람이 있었는데 다음날 B가 A와 똑같은 잘못을 했다면 어떻게 하겠는가. 우리 생각에는 어제 A가 주의 받는 것을 보지 않았느냐고 추궁할 수 있지만, B에게 어제의 일은 A만의 일이었을 뿐이다.

또 중국어가 표음문자가 아닌 표의문자라서 그런지 의사표현이 명확하지 않은 경우가 많다. 이러한 불명확함이 후에 상황이 자기에게 불리하게 돌아가면 발뺌할 수 있는 훌륭한 수단이 되기도 한다. 그런 까닭에 중요한 일들은 반드시 글로 써서 확인을 받아 두어야 나중에 증거가 될 수 있다.

우리가 중국인에게 이러이러한 일이 가능하겠느냐고 물었을 때 그 중국인이 '커이〔可以〕'라고 대답했다고 하자. 우리는 거의 어김없이 '예스' 또는 '오케이'로 이해할 테지만, 그보다는 '아마도 그렇겠지?' 정도로 받아들이는 게 옳지 않을까 싶다. '그럴' 수도 있지만 '안 그럴' 수도 있다는 말이다.

이외에도 여러 다른 면이 많지만, 여하튼 이런 특성들을 잘 이해하면 훗날 과거의 소비에트 연방국에 진출할 때에도 많은 도움이 될 것이다.

그들만의 고유한 특성을 이해하라

예를 들어 보자. 가령 A가 한국인 B에게 4,000원짜리 수박 한 통을 사오라고 시킨다고 치자. 그런데 과일가게에는 4,000원짜리 수박은 없고 5,000원짜리 수박만 있다. 그러면 B는 5,000원짜리 수박을 산 다음 1,000원을 더 청구하거나, 4,000원짜리 수박을 파는 다른 과일가게를 찾아서 4,000원짜리 수박을 사 올 것이다.

그러나 중국인 C는 처음 간 과일가게에서 4,000원짜리 수박을 팔지 않으면 그냥 빈손으로 온다. 그러고는 "과일가게에 4,000원짜리 수박이 없다."고 말한다. 심부름을 보낸 A가 그곳에 4,000원짜리 수박이 없으면 다른 가게에 가 보거나 비슷한 것으로 사 오라는 말을 하지 않아서 그냥 돌아온 것이다.

만일 A가 중국인들의 특성과 문화를 이해하지 못하는 사람이라면 C의 행동을 이해하기가 힘들 것이다. 그러나 C에게는 그것이 너무도 당연한 일이다.

우즈베키스탄에 갔을 때도 비슷한 얘기를 들은 적이 있다. 현지에서 사업을 하는 한국인 사장이 들려준 얘기다. 어느 날 그가 여직원에게 통장에서 돈을 인출해 오라고 시킨 일이 있었다. 그때 그는 여직원에게 두 개의 통장을 주었다. 통장 A에는 1,000만 원이 통장 B에는 500만 원이 들어 있었다. 그런데 그가 잠깐 착각을 해서 통장 A는 통장정리만 하고, 500만 원이 들어 있는 통장 B에서 800만 원을 인출해 오라고 했다. 은행이 꽤 먼 거리에 있었기 때문에 약 두 시간이 지난 후 직원이 돌아왔다. 그런데 찾아오라는 돈은 찾아오지 않고 땀만 뻘뻘 흘리고 서 있었다.

"사장님, 통장 B에는 500만 원밖에 들어 있지 않아서 그냥 왔습니다."

그는 너무도 황당해서 물었다.

"그럼 통장 A에 1,000만 원이 있으니 거기에서 인출해 오면 되잖아."

"사장님께서 통장 A에서 인출하라는 말씀은 하지 않으셨습니다."

그 먼 거리에 있는 은행까지 갔다가 그냥 돌아오다니, 그 순간은 정말 황당했다고 한다. 결국 그 직원을 두 시간 거리에 있는 은행으로 다시 보내야 했다. 분명한 사실은 그들이 머리가 나쁘거나 생각이 모자라서 그렇게 행동하는 게 아니라는 점이다.

만일 내가 중국인들의 특성을 이해하지 못하고 있었다면 어땠을까. 계속해서 업무상 마찰을 빚거나 더 큰 갈등이 생겨났을 것이다. 중국인 직원도 황당하고 나도 답답한 상황이 계속 일어날 수밖에 없다는 얘기다. 사소한 이야기 같지만 해외로 진출하려면, 이처럼 먼저 그 나라 국민의 특성과 문화를 잘 이해하는 것이 중요하다.

요즘은 중국인들도 스스로 시장경제에 빠르게 적응해 가고 있다. 그렇기 때문에 앞서 말한 특성은 빠른 시간 안에 개선되리라 생각한다. 또한 많은 중국인들이 해외 유학에서 돌아와 중추적 역할을 하기 시작했다. 더구나 지금 중국은 빠른 속도로 성장하고 있으며 1당 체제의 장점을 최대한 활용하고 있다. 강력한 정부당국이 성장을 주도하고 있는 것이다.

그럼에도 중국 내부에는 해결해야 할 과제들이 남아 있다. 지금 자본주의 경제 체제의 여러 나라가 겪고 있는 경제의 양극화 문제, 민주적 욕구 증대 등을 해결해야 한다.

러시아, 새로운 도전의 땅

러시아는 천연자원이 다양하고 풍부한 세계적인 자원부국 중 하나

일 뿐 아니라 세계적인 원천기술도 많이 보유하고 있다. 정치적 안정과 함께 석유, 천연가스 등의 수출로 1999년 이래 6~7퍼센트대의 비교적 높은 경제 성장률을 기록하고 있다. 아마도 러시아인들이 원천기술과 풍부한 자원을 결합해 상업화에 더 크게 눈뜨게 된다면, 지금보다 훨씬 더 빠른 속도로 성장하게 될 것이다.

중국은 정치적 변화를 뒤로한 채 시장경제를 먼저 도입한 반면 러시아는 두 가지를 한꺼번에 밀어붙였다. 그렇기 때문에 지금까지만 본다면, 중국은 정치적 안정 속에서 경제발전에 전력할 수 있었고 급속한 성장도 이룩했다. 이 기간 동안 러시아는 정치적 민주화 과정에서 겪게 된 혼란이 시장경제 체제로의 전환과 맞물려 국민들에게 큰 고통을 주었지만, 중국과 비교해 볼 때 비록 경제 성장 속도는 느려도 정치적 민주화라는 어려운 숙제를 먼저 해결해 놓은 셈이다. 길게 볼 때 중국도 정치적 변화가 필연의 과제라면 어느 나라의 접근방법이 옳았는지는 두고 봐야 알 것이다. 중국이 정치적 민주화 과정에서 연착륙에 성공하지 못한다면 러시아의 선택이 옳았는지도 모를 일이다.

우리의 관심사인 패션 시장을 살펴보자. 러시아 시장은 중국과 달리 아직까지 유럽 브랜드들이 고가시장을 장악하고 있고, 중국 상품들이 저가시장을 쥐고 있을 뿐 중간시장이 완전히 비어 있다. 그래서 러시아가 매력적이다. 중간시장을 선점할 수만 있다면 그 효과는 대단할 것이다. 나는 새로운 도전을 위해 이미 2년여 동안 이런저런 준비를 해 왔다.

ON&ON이 처음 중국에 진출했을 때는 중국 시장의 특성을 파악하여 고가 브랜드의 맨 아랫부분, 즉 중간층의 맨 윗부분 소비자층을 겨

냥했다. 이런 타깃 설정은 적절했고 빠르게 자리 잡을 수 있었다. 러시아 시장도 그런 시각으로 접근하면 된다고 생각한다. ON&ON을 중국에 진출시키는 과정에서 쌓은 노하우도 러시아 시장을 공략하는 데 매우 귀중한 자산이 되어 줄 것이다. 러시아도 중국과 같은 사회주의 체제를 경험한 나라이기 때문에 비슷한 점이 많다. 따라서 중국에서보다 더 빠른 시간 안에 자리를 잡을 수도 있을 것이다.

러시아와 중국이 다른 점이 있다면 첫 번째로 기후 조건을 들 수 있다. 사업을 시작하려면 먼저 러시아의 수도 모스크바로 들어가야 하는데 모스크바는 1년에 6개월 이상이 겨울이다. 이런 계절적 차이를 극복할 방안을 먼저 모색해야 한다.

나는 반드시 러시아 현지인들에게 우리 브랜드의 옷을 입혀 보고 싶다. 그들이 좋아하는 색과 싫어하는 색은 무엇인지, 그들의 체형 분포는 어떠한지 등의 기초조사도 진행 중이다. 시장을 공략하려면 소비자의 특성부터 알아야 하기 때문이다.

리더는 언제나 눈을 뜨고 세계 구석구석을 살펴야 한다. 이는 곧 새로운 시장을 개척해야 한다는 말이다. 러시아, 그 무한한 잠재력의 땅으로 우리가 진출할 날을 생각하면 가슴이 설렌다.

쿨(cool)의 시대? 아니 웜(warm)의 시대!

1990년대 들어 젊은이들을 중심으로 '쿨(cool)'이라는 말이 유행하기 시작했다. 쿨은 곧 최고의 트렌드 중 하나가 되었다. 새로운 세대는 필요 이상의 감정을 소비하는 것을 촌스럽다고 여겼고 쿨하다는 것은 젊고 미래적인 것이라고 의미를 부여했다. 쿨한 사고는 일탈과 반항의 코드로 해석되었고 신세대의 사고방식과 대중문화 역시 쿨한 것을 지향했다. 디지털 문화가 확산되면서 철저하게 개인주의로 무장한 이들의 특성은 쿨이라는 말과 맞아 떨어지면서 쿨한 것은 세련된 것이고 옳은 것으로 해석되기도 했다.

이런 욕구에 맞추어 각종 광고들도 쿨한 콘텐츠로 무장하고 나섰다. 사랑하는 사람과 이별한 직후에 '쿨하게' 휴대전화에서 남자의 이름과 전화번호를 삭제해 버리는 여자, 배우자의 외도를 알고 나서도 눈물바람은커녕 오히려 맞바람을 피우는 '쿨한' 주부 이야기가 드라마와 광고에 등장했다.

감성 마케팅으로 승부하라

그런데 사실 이런 쿨한 감성은 우리 정서에 딱 맞지는 않는다. 쿨하다는 것이 처음에는 신선하고 세련된 것처럼 여겨지면서, 하나의 강박관념으로 작용해 속마음은 그렇지 않으면서도 애써 쿨한 척하는 사람들이 늘어났다. 슬프면서도 슬프지 않은 척, 떠나가는 사람에 대한 미련이 남아 있으면서도 미련 없이 보내 주는 척하는 것은 어려운 일이고 내키지 않는 일이다. 결국 쿨 문화는 자연스럽게 퇴조하기 시작했다. 강요받은 쿨에 대한 피로감이 누적된데다 우리 정서에 맞지 않는다는 것을 젊은이들 스스로 깨달은 것이다.

그들은 이제 쿨한 것이 아닌, 뭔가 더 따뜻한 것을 원하기 시작했다. 신파적이기는 하지만 가슴 아픈 사랑 이야기에 열광하기 시작했고 따뜻한 정을 그리워하기 시작했다. 타인과의 관계 속에서 삶의 의미를 찾고 싶어 했다.

쿨 문화가 쇠퇴하면서 자연스럽게 부상한 것이 웜(warm) 문화다. 드라마, 영화, 음악 등 대중문화는 물론이고, 광고 마케팅과 패션 트렌드까지 사회 전반이 차가운 가슴에서 따뜻한 가슴으로 이동하기 시작한 것이다.

이렇듯 감성 마케팅은 기술만으로 상품의 차별화를 이루기 어려운 시대에 꼭 필요한 전략이다. 기술만으로는 무언가 부족한 2퍼센트를 감성이 채워 주는 것이다. 이제 더 이상 상품이나 가격만으로 접근해서는 소비자의 지갑을 열 수 없다. 소비자의 마음은 이성보다는 감성에 의해 움직이고 있다. 감성 마케팅은 소비자의 기분과 감정에 영향을 미치는 자극을 통해 소비를 유도한다.

이 시대의 고객이 어떤 제품을 살 때는 제품 그 자체가 좋아서 사는 것보다 아름다워지고 싶은 자신의 욕망을 사는 것이며 즐거움과 자부심, 인간적인 정을 사는 것이다.

한때 명품(名品) 열풍을 겪은 소비자들은 이제 명품이냐 아니냐보다는 어떤 제품이 나만의 개성을 잘 살릴 수 있는가에 더 몰두한다. 자존감을 높일 수 있고 남과는 다른 자기만의 개성을 잘 살릴 수 있는 제품이라면 가격이 얼마든 기꺼이 지갑을 연다.

학교 식당에서는 돈 아끼려고 1,500원짜리 식사로 끼니를 때우는 대학생들이 테이크아웃 커피 전문점에서는 왜 밥 값의 서너 배가 넘는 커피를 기꺼이 사 먹을까. 그들은 비싼 커피를 마시면서도 비싸다고 생각하지 않는다. 고급스럽게 치장된 커피 전문점 안에서 까다롭게 선택된 음악을 들으며 한 잔의 커피를 마시는 일이 곧 자신의 삶의 질을 향상시키는 일이며 자기 존재감을 확인하는 일이라고 생각한다.

그들이 사는 것은 단순히 커피 한 잔이 아니라 커피 전문점의 분위기와 소품을 보는 즐거움, 선별된 음악을 듣는 행복감, 그곳에서 커피를 마실 자격이 있는 사람이라는 자부심, 삶의 질이 향상되는 느낌을 사는 것이다. 그렇기 때문에 한 잔의 커피에 밥 값의 서너 배가 넘는 돈을 기꺼이 쏟아 붓는다. 이렇듯 요즘 젊은이들의 기분과 감정을 맞출 줄 아는 것, 이것이 이른바 '감성 마케팅'이다.

나부터 감성을 충전하라

나 또한 감성 마케팅을 적극 활용하고 있다. 고객을 위한 서비스도 중요하지만 그보다 더 중요한 것은 직원들을 위한 '감성 서비스' 다. 매장에서 일하는 직원들은 현장에서 직접 고객을 대하는 사람들이다. 이들의 정서가 안정되어 있지 않고 뭔가 불안하다면 그 감정이 고객에게 그대로 전달될 수밖에 없다. 회사가 직원들의 정서 안정을 위해 최선을 다하고 그들이 행복한 마음으로 고객을 대할 수 있도록 배려해 주는 것에서부터 감성 마케팅은 시작된다.

또한 고객의 감성을 사로잡기 위해서는 먼저 나 자신의 감성을 충전하는 것도 무척 중요하다. 차가운 이성만이 아닌 따뜻한 가슴으로 언제나 사람과 사람 사이의 정을 생각하고 그 속에서 삶의 의미를 되짚어 보는 사람만이 타인의 감성에 호소할 수 있다. 쿨한 사람보다는 따뜻한 사람에게 더 정이 가는 것은, 나라와 인종을 초월한 모든 사람들에게 공통된 정서다. 이제 '웜' 의 시대가 오고 있다.

3부

스스로 인생을 경영하라

대학에 다닐 무렵, 나는 늙으신 부모님을 대신해 집안 살림을 꾸려 가야 하는 장남이었다. 가정교사 아르바이트를 하면서 학비를 벌고 남은 돈으로 연탄과 쌀을 샀다. 생활비는 늘 턱없이 부족했다. 아르바이트 자리가 꾸준히 있는 것도 아니었다. 지인들을 만날 때마다 아르바이트 자리가 있으면 소개해 달라고 부탁했다. 그러던 나는 '풍년호 발동기' 라는 회사의 사장님 댁에 입주 가정교사로 들어갈 수 있게 되었다. 대학 학비를 대줄 테니 막내아들이 양정중학교에 들어갈 수 있도록 가르쳐 달라는 조건이었다. 학비 부담을 덜 수 있겠다 싶어 바로 승낙했다. 그런데 그 집 아들을 가르치는 일은 쉽지 않았다. 알고 보니 내가 오기 전에도 가정교사가 10여 명이나 바뀌었다고 했다. 나는 최선을 다했다. 그 녀석도 아침 과외 마치고 수업 듣고 집에 돌아와서 또 쉴 틈도 없이 저녁 과외를 받아야 했으니 지겨웠을 것이다. 나 또한 지독하게도 말을 안 듣는 녀석을 달래 가며 가르치는 일이 정말로 힘들었다. 친구들은 미팅이다 여행이다 하며 한창 청춘을 즐기고 있는데, 나는 생계의 짐까지 떠맡고 고생한다고 생각하면 세상이 원망스럽기도 했다. 어떤 때는 친구들과 어울려 즐겁게 놀고 싶다는 생각이 들기도 했다. 하지만 그런 생각은 그저 사치일 뿐이었다. 학교 수업을 마치고 집으로 가기 위해 버스를 기다리고 있었다. 내 손에는 달랑 버스비만 들러 있었다. 한 떼의 대학생 무리들이 우르르 몰려 나와 신나게 떠들며 어디론가 가고 있었다. 나는 화려하고 말끔한 그들의 차림새와 궁색해 보이는 내 처지를 비교해 보았다. 그때 내 머릿속에는 '왜? 하는 물음이 떠올랐다. '왜 나만 이렇게 고생해야 하는 거야.' '왜 나는 부잣집에서 태어나지 못했을까?' '왜 내가 우리 집 생활비까지 벌어야 하지?' 이런 생각을 하자 마음이 울적해졌다. 화려한 도시의 거리도, 마음껏 청춘을 즐기며 어울리는 내 또래의 학생들도, 환하게 불 켜진 음식점들도 모두 설움으로 느껴질 뿐이었다. 감수성이 예민한 때라서 그랬는지도 모르겠다. 어쨌든 나는 정말로 이 모든 짐을 다 벗어던지고 도망치고 싶다는 생각이 간절했다. 그러나 나는 집안의 장남이었다. 내가 이대로 포기해 버리면 이미 환갑이 넘은 늙으신 부모님이 무슨 희망으로 사실까. 나 때문에 학업도 포기하고 일찌감치 돈벌이에 나선 동생에게 미안한 생각도 들었다. 부모님의 유일한 희망이 바로 나라는 것을 알기에 더욱 포기할 수 없었다. 나는 다시 마음을 다잡고 버스에 올라탔다. 여기서 포기하면 아무 것도 못한다는 생각으로 이를 악물었다. 풍년호 발동기 사장님 댁에 돌아오면 곧바로 수업 준비를 했다. 너그러우신 사장님 내외분을 생각해서라도 가르치는 일을 게을리 할 수는 없었다. 양정중학교에 입학시킨다는 약속을 지키고 싶었기 때문이다. 꼼꼼히 과외준비를 하고 하나라도 더 가르치기 위해 내가 더 열을 냈다. 어린 아이 눈에도 내 노력이 가상했는지 처음에는 이 핑계 저 핑계를 대며 공부를 꺼리던 아이가 차츰 잘 따라 주기 시작했다. 밤 12시까지 전 과목에 걸쳐 과외수업을 하고 나면 온몸이 늘어지고 피로가 밀려왔다. 그런데 문제는 정작 중요한 내 공부를 할 시간이 턱없이 부족하다는 점이었다. 나는 12시경 지쳐 잠들었다가 새벽 4시에 일어나 내 공부를 했다. 그 집 사장님의 기상시간은 새벽 5시 무렵이었다. 그날도 새벽 공부를 하다가 깜박 졸았던 모양이었다. 눈을 떠 보니 사장님이 안쓰러운 얼굴로 쳐다보고 계셨다. "감이라도 편하게 잘 것이지 쭈그리고 앉아서 그게 뭔가." 의자에 머리를 기댄 채 졸고 있었던 것이다. "괜찮습니다." 당황하고 창피했던 나는 머리를 긁적였다. 그런데 사장님이 주머니에서 뭔가를 꺼내 내 손에 쥐여 주셨다. "이게 뭡니까?" 이렇게 피곤한데도 우리 아들 녀석 공부를 잘 봐 준다고 들었네. 내가 너무 고마워서 그런 거니까 용돈으로 쓰게." 손을 펴 보니 6,000원이었다. 그 당시 쌀 한 가마니가 3,000원이었다. 내 처지애는 꽤 큰돈이었다. "받을 수 없습니다." 돈을 도로 내놓았다. 이미 등록금으로 월급을 미리 받은 것이나 마찬가지였기 때문에, 일하지 않은 몫은 받을 수 없다고 생각했다. "그러지 말고 받아 둬." "안 됩니다." "어허, 이 사람 황소고집일세." "그래도 받을 수 없습니다." 그렇게 한참 승강이를 했다. "아니, 자네는 어른이 주면 아무 소리 않고 받는 게 예의란 걸 모르나?" 갑자기 사장님이 화를 벌럭 냈다. 나는 당황해서 어쩔 줄 몰랐다. 그 틈을 타 사장님이 내 주머니에 돈을 집어넣었다. "그리고 이건 우리 집사람에게는 비밀로 해 주게." 그러면서 황급히 방에서 나가 버렸다. 나는 학교 갔다 오는 길에 집에 들러 그 돈 6,000원으로 쌀과 연탄을 사 놓았다. 하지만 그날 이후 내내 가시방석에 앉은 듯 마음이 불편했다. 그러고 나서 며칠 후, 이번에는 사모님이 방으로 찾아왔다. 그러고는 내게 또 돈 3,000원을 내미는 게 아닌가. "이 선생이 자식 같아서 주는 거야. 부담 갖지 말고 받아 둬." 안 그래도 지난번 일로 마음이 가시방석인데 사모님까지 용돈을 주시니 마음이 더 무거웠다. 받지 않겠다고 해도 막무가내였다. 그러면서 사모님 역시 사장님께는 비밀로 하라고 말씀하셨다. 내 자존심을 지켜주기 위해 두 분 모두 그런 핑계를 대며 용돈을 주셨을 것이다. 그때 나는 도저히 숨길 수가 없어 며칠 전 사장님과의 일을 털어 놓았다. 사장님과의 약속을 깨 버린 것이다. 어쩌면 어떤 사람들은 횡재했다고 생각할지도 모른다. 그러나 왠지 동정을 받은 듯한 느낌이 들었고 그 느낌은 견디기 어려웠다. 두 분은 자식 같으니까 또 그분들께는 부담스러운 액수가 아니니까 정말 순수한 마음으로 주셨을 것이다. 하지만 아무리 처지가 어려워도 동정 받는다는 느낌은 너무나 싫었다. 어느 정도 사는 사람이라면 두 분의 뜻을 있는 그대로 고맙게 받아들였을 수도 있었겠지만 너무나 힘든 상황이다 보니 자존심에 상처를 입은 것이다. 나는 자존심만큼은 끝까지 지키고 싶었다. 모교인 고려대 교가 중에 이런 대목이 있다. "호랑이는 굶주려도

1

인재는 어떻게 탄생하는가

어느 날 상사가 '이 친구를 좀 써 줄 수 있겠느냐'며 부탁을 해 오면, 부탁 받은 중간관리자나 인사담당 직원은 난감하지 않을 수 없다. 그렇다고 딱 잘라 거절하기도 어렵다. 이력서 상으로도 나무랄 데가 없으면 더욱 그렇다. 당장 직원이 필요하지 않을 경우, 나는 일단 그 이력서를 받아 둔다. 물론 당시에는 '노우'라고 말한다. 그러면 부탁한 상사와의 관계가 한동안 거북해질 수도 있다.

어떤 이들은 이런 나를 이상하게 바라본다. 직원 하나 더 늘린다고 회사가 잘못되는 것도 아니고, 업무상 큰 손해가 있는 것도 아닌데 뭘 그렇게 복잡하게 생각하느냐는 것이다. 그러나 내 생각은 다르다. 그렇게 '좋은 게 좋다'는 식의 느슨한 태도를 가진 사람들은 대부분 부하직원들의 발전이나 협력업체의 발전, 나아가 회사의 발전 따위는 그

다지 안중에 없는 경우가 많다. 회사를 그저 호구지책으로밖에 생각하지 않기 때문이다. 물론 추천이나 청탁으로 입사한 사원이 항상 문제를 일으킨다는 뜻은 아니다.

코오롱이 키워 낸 세계적인 디자이너, 임덕용

코오롱 패션사업본부장 시절, 고등학교 동기 동창이 한 젊은이를 추천했다.

"이 본부장, 은행 지점장 아들인데, 유독 코오롱스포츠에서 일하고 싶어 한다고 하네. 한번 검토해 주게."

당시 나는 청탁성 인사를 철저히 배제하는 본부장으로 평이 나 있었다.

"사람도 안 보고 어떻게 판단하겠나? 일단 한번 보내 보시게."

그가 찾아왔다. 그런데 그가 내민 이력서를 보니 온통 산(山)을 다닌 게 전부였다. 디자인 공부라고는 전혀 한 적이 없는데도 디자이너가 되고 싶다는 것이었다.

"자네, 이 회사에 와서 뭘 하려고 그러나?"

"받아만 주신다면 디자이너가 되고 싶습니다."

"디자인의 '디' 자도 모르면서 어떻게 디자이너가 되겠다고 그래?"

나는 웃음이 나왔다. 하지만 그에게 기회를 줘야겠다고 생각했다. 대화를 나누는 동안 그에게서 남다른 열정을 느꼈기 때문이다. 그가 바로 임덕용이다. 등산 경력만 정말 화려했던 친구다. 너무도 두려워서 아무도 오르려고 하지 않는다는 알프스의 그 유명한 '아이거 북벽'을 한국인 최초로 등정한 젊은이일 뿐만 아니라 히말라야의 여러 봉우리도 정복한 사람이다.

나는 이렇게 제안했다.

"내가 디자인 학원을 추천해 줄 테니 속성으로라도 기초 공부를 하고 오게나."

당시 가까이 지내던 새모양 복장학원 김선경 원장에게 그를 보냈다. 본인은 몰랐겠지만 그가 3개월 코스를 이수하는 동안 나는 김 원장과 수시로 통화하면서 그의 가능성을 점검했다. 그가 학원에서 공부한 지 한 달이 지났을 무렵 김 원장이 전화로 이렇게 말했다.

"이 형, 이 친구 물건이 될 것 같소."

그러면서 하는 말이, 하루는 그가 남대문 시장에 가서 군인 워커를 사 신고 오더니 수업이 끝난 후에 신발 바닥이 다 닳도록 매일같이 시장 조사를 하더라는 것이었다. 그뿐 아니라 그림 솜씨도 뛰어나다고 했다.

학원이 내 사무실과 불과 100여 미터 거리에 있었기 때문에 그가 가끔 내게 들르기도 했다. 내가 자리에 없을 때는 종이를 병풍처럼 접어 내게 하고 싶은 얘기를 만화로 그려 놓고 가곤 했는데 듣던 대로 솜씨가 있고 위트가 있었다. 한마디로 재미있고 재주 있는 놈이었다.

그렇게 대략 열흘 단위로 변화를 체크했다. 3개월 후 그가 회사로 돌아왔을 때 정식 사원으로 받아들여 기능성 스포츠의류 및 장비를 개발하는 일을 맡겼다. 산을 전문적으로 다니는 사람이다 보니 전문 산악인이 필요로 하는 기능성 텐트, 기능성 의류, 기능성 신발이나 장비 등을 누구보다 잘 알고 있으리라고 생각했다.

그는 기대를 저버리지 않았다. 낮에는 열심히 일하면서 야간에는 계속 디자인을 공부하도록 했다. 열정적으로 일하고 배우며 2년쯤 흘렀을 때 그는 섬유산업연합회에서 주최하는 디자이너 콘테스트에서 금상을 받았다. 그만한 자질과 노력이 있었던 것이다. 부상으로 국비 유학을 다녀올 수 있는 기회가 주어졌고, 이탈리아 마랑고니 디자인 스쿨로 공부하러 떠나게 되었다.

그렇게 떠난 그가 공부를 마치고 내게 편지를 보내왔다. 한국으로 들어와야 하는지를 묻고 있었다. 이런 경우 대부분의 사람들은 한국으로 돌아와 회사를 위해 일해야 한다고 강조할지 모른다. 하지만 나는 그가 더 큰물에서 더 큰 인물로 거듭나기를 희망했다. 나중에 안 사실이지만, 그는 생활이 어려워 한국으로 돌아오고 싶어 했다고 한다. 만약 더 이상 버티지 못하고 돌아오고 말았다면 지금의 임덕용은 없을 것이다. 결국 그는 내 충고를 받아들여 이탈리아에 남았다. 임덕용은 현재 유럽의 주요 디자인 회사의 스포츠의류 분야에서 이름난 디자이너로 활동하고 있다.

나는 그를 회사에 받아들였고, 입사 후 일주일 만에 히말라야에 다시 가겠다고 해서 허락했고, 이탈리아 유학을 마치고 돌아와야 하는지 물었을 때 그곳에 남도록 조언했다. 이 모든 결정을 후회하지 않는다. 그는 결국 한국의 코오롱이 키워 낸 세계적인 스포츠의류 디자이너가 되었기 때문이다.

수년 후 나는 한국방송의 '한민족 리포트'라는 다큐멘터리에서 그를 다시 보았다. 아내와 함께 브라운관 속의 그를 보면서 가슴 뿌듯함을 느꼈다.

사람 하나 키웠다는 보람은 남지 않겠는가

일본 산요와 라이선스 계약을 하고, 직원들을 파견하기로 했을 때의 일이다. 그때 일본에 보낼 직원들 가운데 Y라는 직원이 있었다. 지금은 어느 협회의 부회장이다. 당시 그녀는 코오롱 디자인 실장이었다. 그런데 그녀를 보내기로 하고 결재를 올리자 사장님이 반대했다.

"보내는 건 좋은데, 일본에서 기술을 배워 온 후에 다시 코오롱에서 근무한다는 보장이 없잖아?"

사장으로서는 당연한 걱정이었다. 더구나 당시 3년 동안 코오롱이 산요에 지불해야 할 로열티도 적지 않았다.

"사장님, 그렇게 생각하지 마십시오. 제가 그런 일이 없도록 책임지고 조처하겠습니다. 설혹 이 친구가 돌아와 우리 회사에서 근무하지 않는다고 해도 우리나라 의류 산업의 발전을 위해 코오롱이 인재 한 사람 키웠다고 생각하면 되지 않을까요?"

이윽고 사장님은 결재를 했다. 하지만 적잖이 걱정이 되었다. 코오롱이 내 개인회사도 아니지 않은가. 나는 그녀에게 오빠를 만나게 해 달라고 청했다. 그 당시 서울대 미대 학과장이었던 그녀의 오빠에게도 공동책임에 대한 다짐을 받아 두기 위해서였다. 결국 그녀의 오빠까지 만나 다짐을 받은 후에야 그녀를 일본에 파견했다.

그녀는 2년 만에 일본에서 돌아왔다. 그때 나는 코오롱을 그만두고 원단업체의 사장으로 일하고 있었다.

"저, 코오롱 그만두려고요."

한국으로 돌아온 그녀가 나를 찾아와 말했다. 나는 그녀를 야단쳤다.

"내가 비록 코오롱을 떠났다고는 하지만 처신을 그렇게 하면 안 되는 거야. 결국 2년 전에 사장님이 우려했던 일이 그대로 일어난 게 아닌가. 그런 결정은 나를 욕 먹이는 일도 되겠지만, 훗날 후배들의 앞길을 막을 수도 있어. 앞으로 회사에서 직원들 외국유학 보내겠어? 최소한 3년간은 일본에서 배워 온 것을 다 인계하고 가는 게 도리잖아."

그녀는 나와의 약속대로 3년을 더 근무한 후 코오롱을 그만두었다.

지금도 가끔 그때의 일을 생각한다. 만약 지금 우리 회사에 그녀가 다니고 있고 그때와 똑같은 기회를 주어야 한다면, 이제는 관리자가 아닌 경영자로서 어떤 결정을 내릴까. 분명 당시의 결정과 다르지 않을 것이다.

나는 우리 회사 직원들에게 가끔 이런 이야기를 들려준다. 또 실제로 그러한 기회를 만들어 주기 위해, 직원들을 해외기업의 인턴사원으로 보내거나 유학을 보내기도 한다. 경영자라면 직원들에게 그런 기회를 늘 제공해야 한다고 생각한다. 설령 그가 회사 돈으로 유학이나 인턴을 다녀온 뒤에 다른 회사로 이직하는 일이 있더라도 말이다. 양식 있는 사람으로서 경험을 토대로 말한다면 다른 곳으로 가는 일도 쉽지 않을뿐더러 부득이 가더라도 평생 내 주변에 있으면서 서로 도와 가는 관계가 되는 경우가 많다.

큰 꿈을 꾸고 있는 사람이라면 결코 회사생활에만 안주해서는 안 된다. 언제 실현될지 모르는 미래에 대비해, 부단히 자신을 연마하고 실력을 갖춰 나가야 한다. 기회가 주어졌을 때, 그 기회를 열정적으로 품을 수 있도록 항상 준비가 되어 있어야 한다.

2

능동적인 자기헌신만이 남다른 미래를 만든다

공장에 큰불이 나 막대한 손실이 발생했다는 뉴스를 가끔 듣는다. 1차 원인은 화재 대비에 철저하지 못했던 탓이다. 그러나 보험에 가입했다면 피해를 그나마 최소화할 수 있을 것이다. 철저한 준비만이 예기치 못한 불행을 막거나 피해 규모를 줄일 수 있다.

우리 몫만 챙기면 되지 않습니까?

1978년 코오롱 패션사업부 숙녀복 그룹장 시절, 당시 우리 사업부를 돕던 협력공장은 모두 5곳이었다. 지금은 협력공장들의 사정이 많이 나아졌지만 그때만 해도 무척 열악했다. 공장의 전 재산은 몇 천만 원 선인데, 한 번 일을 맡기면 때로는 2~3억 원가량의 원자재가 들어갈 때도 있었다. 대비 없이 불이 나거나 자재를 도난당할 경우 속수무책이었다.

　지금이야 건물은 대부분 스스로 화재보험에 들고, 보험의 필요성에 대한 인식도 높아졌지만, 그 시절에는 보험료를 헛돈이라고 생각하는 경향이 강했다. 그때 나는 협력공장들로 하여금 반드시 화재보험에 들도록 했다. 물론 보험수익자는 자재를 맡기는 코오롱이었다.

　그런데 실제로 협력공장 중 한 곳에서 화재가 났다. 대학로 부근에 있던 '우석공장'이었다. 다행히 원자재 값 이상을 보상받을 수 있도록 보험에 들어 놓은 상태여서 우리는 일주일 후 원자재 피해 금액을 모두 보상받을 수 있었다. 불행 중 다행이었다.

　그런데 이 과정에서 문제가 발생했다. 보험금을 받은 코오롱 관리부서가 '공장 몫'을 내주지 않으려 한 것이다. 보험수익자가 법적으로 코오롱으로 되어 있으므로 그들에게 한 푼도 줄 수 없다는 입장이었다. 공장을 통째로 잃어버린 그들은 하루아침에 살길이 막막해졌다. 그동안 신뢰로 협력관계를 유지하며 일을 해 왔는데 한순간에 그 신뢰를 저버리는 처사였다. 나는 사장님과 면담하는 자리에 관리부장을 불렀다.

　"보험금 중 우리 쪽 손해를 충분히 충당하고 난 나머지 돈은 돌려주는 것이 당연한 것 아닌가?"

　보험료도 그들이 지불했고 우리의 자산을 확실히 보전하기 위해 쌍방 합의하에 보험수익자를 코오롱으로 한 것뿐이었다. 유사시 공장 재건을 위해 필요한 금액까지 고려해서 보험에 가입하도록 한 것이었다.

　"우리 원자재 값 이상의 돈은 당연히 공장의 몫이니 지급해야 하네."

　승강이 끝에 보험금 가운데 우리 측 피해액을 뺀 나머지 보험금은 협력공장에 주기로 결정했다. 사장님도 같은 생각이셨다. 눈앞의 작은 이

익에 현혹되어 정작 소중한 것들을 잃어버리는 어리석음을 범해서는
안 된다. 그 후 우석공장은 다시 재기해서 헌신적인 파트너가 되었다.

거의 비슷한 시기에, 수출사업본부에서도 유사한 일이 터졌다. 보험
도 들어 놓지 않은 터라 그 피해는 고스란히 우리 회사가 감수해야 했
다. 사장이 회사의 모든 부서에서 일어날 수 있는 다양한 리스크를 다
파악하고 일일이 지시할 수는 없다. 그래서 임원도 있고 중간 관리자
도 있는 것이다.

자기 자리에서 내가 할 수 있는 최선의 대비책을 늘 준비하고 있어
야 한다. 알아서 일을 챙기다 보면 저절로 신뢰가 쌓인다. 그러다 보면
결국 자연스럽게 더 큰 결정권이 주어진다. 그런 태도로 일하는 사람
은 믿을 수 있기 때문이다. 그러나 권한은 기쁨보다 두려움으로 받아
들여야 한다. 무거운 책임이 수반되는 까닭이다.

나를 넘어 더 큰 관점에서 바라보고 판단하라

회사 규모가 크면 부서 간 갈등이나 경쟁이 벌어지기도 한다. 코오롱
시절, 대한모방의 원단을 사서 쓰다가 클레임이 걸렸다. 우리 부서의
입장에서 보면 당연히 보상을 받아야 할 상황이었다. 그런데 그때 마침
계열사 코오롱엔지니어링이 대한모방의 폐수처리 시설 공사 수주 문
제로 다른 회사들과 경합을 치르고 있었다. 그때 내가 제안을 했다.

"우리 부서가 입은 손해를 포기할 테니, 폐수처리 시설 설치 공사를
코오롱엔지니어링에게 주십시오."

독립채산제를 채택하고 있었으므로 부서의 이득을 위해서는 당연히
손해배상을 받는 쪽을 선택해야 했다. 하지만 내가 만약 코오롱그룹
회장이라면 어떤 결정을 내렸을까. 우리가 받을 배상액보다 폐수처리

시설 공사를 수주했을 때의 이득이 크다면 당연히 패션사업부의 손해를 감수하고서라도 폐수처리 시설 공사를 택했을 것이다. 결국 대한모방의 폐수처리 시설 공사는 코오롱엔지니어링이 맡게 되었다. 우리 부서로서는 적지 않은 손해를 봤지만 그룹 전체 차원으로 보면 큰 이득이었다. 내 부서의 이익을 포기하고 회사 전체의 이익을 위한 결정을 내린 것이다. 우리는 반드시 '나무가 아닌 숲을 보는 폭넓은 시각'으로 일해야 한다.

스스로 밥상 차리는 사람

몇 년 전, 넷째 누님 아들이 찾아온 적이 있었다. 그는 삼성그룹 계열사 고참 과장으로 근무하다가 선배 회사로 이직한 지 며칠 안 되었다고 했다. 선배가 주식도 주고 이사 자리를 제안하여 응했다고 했다.

"삼촌, 정말 미치겠습니다. 여기를 계속 다녀야 할지 말아야 할지 모르겠어요."

"무슨 일인지 이야기나 좀 들어보자."

나는 조카를 회사 근처의 식당으로 데리고 갔다. 삼성이라는 대기업에서 근무했으니 작은 회사가 쉽게 눈에 들 리 없었을 것이다. 과장이었으면 부하직원들도 많고 사무 환경도 최상이었을 것이다. 그런데 선배 회사에 이사라고 들어가 보았더니 사무실이며 집기부터 조직, 지원까지 모든 게 마음에 들지 않았던 모양이다.

"도무지 일할 수 있는 환경이 아닙니다. 차도 마음에 안 들고요. 이래서 되겠습니까?"

순간 나는 큰일이구나 싶었다.

"너 왜 이렇게 어리석니. 그런 생각부터 바꾸지 않으면 어딜 가도 절대 성공 못해. 일하는 환경도 무시할 수는 없지. 하지만 궁극적으로 환경은 부분에 지나지 않아. 그리고 네 선배가 너를 낳아 준 부모도 아니잖아. 그 선배가 너 데려다 잘 입히고 잘 먹이려고 같이 일하자고 한 거겠어? 월급 300만 원을 준다면 네가 최소한 그 3배쯤은 벌어 줘야 사장으로서는 본전인 거야. 그런데 너는 어떻게 하면 회사에 더 많은 돈을 벌어다 줄까 하는 생각은 안 하고 선배가 너한테 더 잘해 줘야 한다는 생각만 하니? 네 생각이 그렇다면 너 자신을 위해서도 또 선배를 위해서도 그 회사를 떠나. 차려진 밥상에 숟가락만 들고 덤비겠다는 놈을 뭐 하러 쓰겠니? 어딜 가든 밥상을 차리는 사람이 돼야 해. 그래야 성공할 수 있어. 찌그러진 책상이면 어떻고, 낡은 복사기면 어때."

나는 조카를 붙잡고 2시간 가까이 설교 아닌 설교를 했다. 얘기를 하면서 나는 그 녀석의 얼굴이 조금씩 편안해지는 것을 느꼈다.

"듣고 보니 삼촌 말씀이 맞는 것 같아요. 제 중심적 사고가 잘못되었었네요. 삼촌 말씀대로 하겠습니다."

그는 내 말뜻을 충분히 알아들은 듯 밝은 얼굴로 돌아갔다. 몇 개월 후 조카가 다시 찾아왔다. 신이 난 목소리로, 스스로 밥상을 차리겠다는 각오로 열심히 일하고 있다고 했다.

"요즘 일도 재미있고 잘됩니다. 마음 한번 바꿔 먹는다고 이렇게 신나게 일하게 될 줄은 몰랐습니다. 사장이 이번에 차도 바꿔 주었습니다."

무언가를 받으려면 먼저 줘야 한다. 지금 그 회사는 많이 발전했고 조카도 승승장구하고 있다.

회사에 들어가서 환경 탓이나 하고 주인 아닌 객(客)으로 일하는 사람들은 회사의 부족한 부분을 모두 다른 사람 탓으로 돌린다. 두레박이 우물에 안 닿으면 줄을 길게 만들어야 하는데, 우물이 깊음을 한탄하는 꼴이다.

탓만 해서는 아무 이익도 얻지 못한다

나이 마흔다섯이면 정년퇴직을 준비해야 한다는 이른바 '사오정'과 서른여덟이면 다른 삶을 준비해야 한다는 위기의식에서 나온 '삼팔선'과 같은 용어들. 각박한 세태에서 나온 자조적 표현들이지만, 이런 단어들을 접할 때면 씁쓸한 기분이 먼저 든다. 서른여덟이라는 나이는 자신이 나아갈 길을 완성하는 시기여야 하고, 마흔다섯이면 가장 정력적으로 일할 시기이기 때문이다.

우울한 경제상황을 탓하고, 사회적 분위기를 탓하고, 밀고 올라오는 후배들을 탓하는 이들에게 묻고 싶다. 조직에서 살아남기 위해, 매달 꼬박꼬박 월급을 주는 회사의 발전을 위해, 자신의 책임을 다하기 위해 과연 스스로 얼마나 '자발적으로' 고민하고 노력했느냐고.

처음부터 권한이 주어지고 처음부터 모든 것을 다 가질 수는 없다. 작고 사소한 일부터 시작해 점차 높이 올라가면서 멀리 내다보는 훈련을 쌓으며 우리는 성장한다. 안타까운 일이지만 요즘의 직장인들은 '능동적인' 자기계발과 자기희생, 그리고 무엇보다 자아실현에 대한 절실한 욕망이 부족한 것 같다.

3

적(敵)을 만들지 마라

회사를 운영하다 보면 어쩔 수 없이 직원을 해고해야 하는 상황이 발생한다. 해고 당사자는 몹시 기분이 나쁠 것이고 경우에 따라서는 사장과 적이 될 수도 있다. 하지만 나는 코오롱 시절부터 보끄레를 경영하는 지금까지 해고된 직원들과 계속 좋은 관계를 유지하고 있다. 비결은 그 직원에 대한 진실한 애정에 있다.

이 길은 자네의 길이 아니네

코오롱 부장이었던 1978년, 공채 1기로 두 명의 신입사원을 맞았다. C는 S대 의류학과 출신으로 미모도 출중한데다 영어 실력이 뛰어났다. Y는 D대 의류학과 출신으로 꽤 감각이 있어 보였다. 당시에는 실무 경력 디자이너가 양장점 출신밖에 없었다. 그래서 아예 프랑스로 유학을 보내 제대로 된 기성복 디자이너로 키워 볼 요량으로 뽑은 사람들이었다. 한 사람당 수천만 원씩 투자를 해야 하지만, 나는 교육만이 회사의 발전을 보장할 수 있는 길이라고 생각했다. 그래도 두 사람을 한꺼번에 보내기에는 현실적으로 무리라고 판단되어, 2년 과정으로 한 사람씩 보내기로 했다. 영어에 능통한 C를 먼저 보내고 그동안 Y는 어학 준비를 시키기로 마음먹었다.

우선 과연 많은 비용을 들여 소기의 목적을 이룰 수 있을지를 점검하기 위해 C에게는 단순히 시장조사 때문이라고 얘기하고, 디자인 실장과 셋이서 유럽여행을 떠났다. 파리를 거쳐 밀라노를 여행했는데 약 일주일쯤 걸리는 코스였다. 여행하는 동안에는 마음에 들지 않는 행동을 해도 아무 말도 하지 않았다. 많은 투자를 해야 할 사람을 있는 그대로 평가해 보고 싶었기 때문이다. 직속 상사와 함께 간 여행이고 더구나 그냥 여행이 아닌 시장조사차 간 출장인데 C는 옷보다 다른 쪽에 관심이 더 많은 것 같았다. 유학을 보내면 누가 관리 감독을 할 수도 없고 스스로 자기 관리를 해야 하는데 걱정이 되었다.

나는 시장조사를 하면서 나름대로 느낀 점들을 끊임없이 메모했다. 디자인 실장도 특이한 디자인들은 사진을 찍기도 하고 메모도 열심히 했다. 그런데 신입사원은 메모는 고사하고 그저 우리 뒤를 따라 다니기만 했다.

'저 친구는 머리가 좋으니 모두 머릿속에 저장하는 거겠지.'

그렇게 생각했다. 그런데 나중에 알고 보니 그것도 아니었다.

이탈리아의 밀라노에 갔을 때였다. 양식에 질려 있던 참이라 수소문해서 한국 식당을 찾아갔다. 저녁식사 때로 식당에는 마침 젊은 한국인 남자 3명이 앉아 있었다. 외국에서 만난 한국 사람이라 무척 반가웠다. 그때만 해도 외국여행이 자유롭지 못할 때였다. 나는 그들에게 합석을 제의했다.

"무슨 일로 오셨습니까?"

"저희들은 성악을 공부하는 학생입니다."

학생이라는 말에 그날 저녁은 내가 사기로 하고 이탈리아에 대한 느낌, 색과 디자인, 음악과 고향에 관한 이야기를 두서없이 나누었다. 밤 11시 무렵, 숙소로 돌아가야 할 시간이었다.

"저 부장님, 저 이 친구들하고 좀 더 놀다 들어가면 안 될까요?"

"그래? 대신 내일은 일찍부터 움직여야 하니까 너무 늦지 않게 들어오도록 해."

나는 흔쾌히 허락했다. 이국 땅에서 만난 한국 젊은이들끼리 오붓한 대화를 즐기고 싶을 것 같았다.

그런데 다음날 시장조사를 할 때였다. 잠깐씩 쉴 때마다 C가 졸고 있었다.

"저 친구, 어제 몇 시에 들어왔어?"

"새벽 2시쯤 들어온 것 같습니다."

나는 여행 내내 그 친구에 대해 많은 고민을 했고 마침내 결론을 내렸다. 귀국 후 C를 사무실로 불렀다.

"여행하면서 쭉 지켜봤는데 자네에게는 이쪽 길이 맞지 않는 것 같아. 아무래도 학교로 돌아가서 교수가 되는 게 더 적성에 맞을 것 같다."

적성에 안 맞는 일은 발전이 더딘 법이다. 시행착오를 줄여 주는 게 그에게도 도움이 될 것이라고 생각했다. 몹시 아쉬웠지만 그 직원을 권고사직시켰다. 감정이 아닌 냉정한 판단에서였다.

그로부터 15년 후 어느 날 한 통의 전화가 걸려 왔다.

"저 C인데요. 부장님 말씀대로 저 교수 됐어요."

그는 모 대학의 부교수가 되어 있었다. 만약 그 친구를 더 붙잡고 있었다면 젊은 사람의 창창한 앞날을 가로막는 결과를 낳았을지도 모를 일이다. 정말로 기쁜 일이었다. 그 후 그와 난 계속해서 좋은 인연을 이어가고 있다. 그의 적성을 찾아 다른 길을 안내한 당시의 판단이 옳았다고 생각한다.

신뢰와 애정으로, 맞는 길을 찾아 떠나라

사회생활을 하면서 사람들과 관계를 맺다 보면, 뜻이 잘 맞는 사람보다는 상반되는 사람을 만나는 경우가 더 많다.

우리 회사에 일 처리도 꼼꼼하고 행동도 반듯한 직원이 있었다. 하지만 성격이 모난 까닭에 다른 직원들과 잘 어울리지 못했다. 성격이 급하고 불같다 보니 주위 사람들과 마찰이 잦았다. 동료들의 불평이 내 귀에까지 들어왔다. 어느 날 그를 저녁식사 자리에 불렀다.

"조직생활이라는 건 혼자 하는 게 아니야. 일본에 인턴사원으로 좀 다녀오지 않겠니? 일본 애들은 마음속이야 어떻든 겉으로는 무척 싹싹하니까 가서 그 사람들에게서 배울 게 있으면 배워 보는 게 좋을 것 같다. 부서에서 자꾸 이런저런 말이 나오니까, 계속 일하려면 성격을 좀 고쳐 보는 게 좋을 것 같구나."

결국 그 직원을 일본으로 보냈고 그는 8개월 뒤 귀국했다. 나는 내심 많이 달라졌으리라고 기대했다. 그런데 여전히 부서원들과 부딪쳤다. 안 되겠다 싶어 부서를 바꿔 주었지만 마찬가지였다. 더 이상 방법이 없음을 깨닫고 그를 불렀다.

"할 만큼 다해 봤는데, 이젠 어쩔 수가 없구나. 조직생활보다 혼자 하는 일을 해 보는 게 좋을 것 같다."

그는 묵묵히 듣고 있었다.

"내가 원망스럽나?"

"제 성격 때문이라는 것을 알고 있습니다. 사장님께서 여러모로 기회를 주셨는데 기대에 부응하지 못해 죄송할 뿐입니다."

그는 결국 직장인으로서는 치명적일 수 있는 해고를 당했지만, 그동안의 서로에 대한 신뢰와 애정 덕에 척지는 일 없이 자신의 부덕함을 인정하고 퇴사를 하였다.

《경행록(景行錄)》을 보면 이런 말이 있다.

"은의(恩義)를 광시(廣施)하라 인생하처불상봉(人生何處不相逢)이랴, 수원(讐怨)을 막결(莫結)하라 노봉협처(路逢狹處)면 난회피(難回避)니라."(은혜와 의를 널리 베풀라. 사람이 어디선들 만나지 않으랴. 원수지거나 원망 살 일을 만들지 마라. 길이 좁은 데서 만나면 피하기 힘드니라.)

4

신뢰를 저축하라

(주)올리브데올리브는 일본의 '모쿠모쿠' '이토추'와 우리가 합자해서 만든 회사다. 이 과정에서 보끄레와 올리브데올리브에서 동시에 일해야 하는 겸직 직원이 생겼는데, 이들에 대한 인건비 지출이 애매했다. 올리브데올리브 직원으로 보면 마땅히 그쪽에서 월급을 지불해야 하고, 보끄레 직원으로만 보면 보끄레에서 월급을 주어야 하는 상황이었다. 인건비 외에도 구분이 애매한 경비 지출이 발생했다. 그때마다 나는 경비를 어떻게 처리해야 할지 고민했다. 그렇다고 무조건 모든 경비를 반으로 나누어 반은 올리브데올리브, 나머지 반은 보끄레가 부담할 수도 없는 일이었다.

나는 크게 생각하기로 했다. 조금이라도 합자회사인 올리브데올리브에 부담을 주어서는 안 되겠다 싶었다. 그래서 애매한 경비는 모두 보끄레에서 처리하도록 지시했다. 그 결과 경비로 인해 발생할 수 있는 사소한 갈등이 모두 사라졌다.

만일 내가 경비 문제를 확실히 해 두지 않았다면, 사소한 경비가 빌미가 되어 서로를 믿지 못하는 상황이 발생할 수도 있었을 것이다. 소탐대실(小貪大失)이라, 눈앞의 작은 이익을 위해 정작 중요한 신뢰를 잃어버릴 수도 있는 것이다.

신뢰가 만들어 준 기회

기업가에게 신뢰란 대단히 중요한 자산이다. 물론 신뢰라는 것이 당장 어떤 이익을 가져다 주지는 않는다. 그런 까닭에 간혹 어리석은 사람들은 눈에 보이는 이익을 위해, 정작 더 큰 자산인 신뢰를 저버리는 경우가 있다. 그들은 자기가 깨뜨린 신뢰가 훗날 자신에게 얼마나 큰 피해를 가져올지 모르고 있다. 한 번 깨진 신뢰는 다시 회복하기 힘들다. 깨진 거울 조각과도 같은 것이다.

일본 회사와 쌓은 인간적인 신뢰는 곧 새로운 사업을 할 수 있는 다리가 되어 주었다. 일본의 어느 신문에 올리브데올리브가 소개된 적이 있었는데 일본의 회사가 우리나라에 와서 성공하기까지의 과정을 다루고 있었다. 그런데 기사의 상당 부분에서, 한국에서 좋은 사업 파트너를 만났기 때문에 성공할 수 있었다는 평가를 하고 있었다.

이후 많은 외국 기업인들이 내게 새로운 사업을 제안해 왔다. 작은 배려로 쌓은 서로에 대한 신뢰가 미래의 새 사업을 펼치는 밑거름이 된 것이다. 한 번 쌓은 신뢰는 끊임없이 많은 것들을 할 수 있게 해 준다. 비즈니스뿐만이 아니다. 신뢰야말로 모든 인간관계의 바탕이다.

누군가가 나를 신뢰한다는 것은 쉬운 일이 아니다. 타인을 배려하고 사랑할 수 있는 사람만이 신뢰를 얻을 수 있다. 어떤 목적을 위한 행동이 아닌, 그저 순수하고 변함없는 마음으로 살아야 믿을 만한 사람이 될 수 있다. 내 곁에 있는 주위 사람들이 나를 아낀다면 그것이 바로 신뢰가 아니겠는가?

돈보다는 신뢰부터 저축하라. 그것이야말로 당신의 인생에 풍요로운 결실을 가져다 줄, 젊은 날의 가장 가치 있는 투자다.

5

열정이 프로를 만든다

코오롱에서 원단을 개발 판매하던 때의 일이다. 모두들 새로운 아이디어를 개발하느라 온 관심이 집중되어 있을 때였다. 나도 마찬가지였다. 자나 깨나 아이디어를 짜내기 위해 고심하던 중이었다.

길에서 만난 신상품 아이디어

그러던 어느 날이었다. 명동 거리를 걷다가 한복을 곱게 차려 입고 지나가는 중년 여성 한 분을 발견했다. 순간 눈이 번쩍 뜨였다. 그녀가 입고 있는 한복 문양은 대단히 독특하고 아름다웠다. 자세히 보고 싶어 그녀 뒤를 바짝 따라 붙었다. 멀리서는 잘 안 보이던 섬세한 무늬들이 눈에 들어왔다.

"아니, 지금 뭐하는 짓이에요?"

그제야 나는 깜짝 놀라 그 여자의 얼굴을 올려다보았다. 낯선 남자가 가까이 다가와 자신의 치마를 뚫어져라 쳐다보는데, 놀라지 않을 여자가 있을까. 나는 황급히 주머니를 뒤져 명함을 꺼냈다.

"정말 죄송합니다. 미리 양해를 구했어야 하는데…."

그녀는 흘낏 내 명함을 보았다.

"입고 계신 한복 문양이 너무 아름다워 자세히 보고 싶은 마음에 그만…, 정말 실례했습니다."

그녀는 안심하는 듯했다. 나는 때를 놓칠세라 말을 이었다.

"정말로 어려운 부탁인 줄은 알지만 이 한복을 좀 빌려 갈 수 없을까요?"

"제 옷을 빌려 달라고요?"

"예. 제게는 너무도 중요한 일입니다."

나는 간절히 부탁했다.

"이 문양을 이용해서 새로운 원단을 개발해 보고 싶습니다."

조금 망설이는가 싶던 그녀는 간곡한 부탁에 마침내 허락해 주었다.

"그럼 저희 집까지 따라오세요."

곧장 그녀를 따라갔다. 지금도 그때를 떠올리면 정말 막무가내였다는 생각도 든다. 대문 앞에서 기다리고 있으니, 잠시 후 그녀가 곱게 갠 한복을 내밀었다. 그 한복을 참고로 굉장히 독특하면서도 우아한 원단을 개발해 냈다. 소비자들의 반응도 좋았다.

나는 후에 옷을 빌려 준 그녀에게 한복을 돌려주면서 우리가 만든 원단을 선물로 보냈다.

미치면, 안 보이는 것도 보인다

디자인 개발은 엄밀하게 따지면 내 몫이 아니다. 디자이너들의 일이다. 그러나 회사 구성원들이 모두 '이건 내 몫이 아니야. 난 내 일만 하면 돼.'라고 생각하면 그 회사는 발전하지 못한다. 주인의식이 없는 사람은 남보다 빨리 성장하지 못한다. 그런 사람은 겨우 월급만 받다가 어려움이 닥치면 제풀에 주저앉고 만다.

나는 언제나 철저히 내가 코오롱의 주인이라는 생각으로 일했다. 주인 입장으로 보면 모든 일 하나 하나를 놓칠 수가 없다. 그런 마음가짐으로 일해야 눈에 보이지 않던 것들도 보이게 된다. 왜 "미치면, 안 보이는 것도 보인다."는 말도 있지 않은가. 열정이 없는 사람은 프로가 될 수 없다.

지금도 나는 회사의 디자이너들에게 끊임없이 시장의 흐름을 읽으라고 강조한다. 프로가 되려면 무엇보다 시장 흐름을 읽을 줄 알아야 한다. 디자이너가 책상 앞에 앉아 패션 잡지나 뒤적이며 머릿속으로만 구상한 아이디어로 디자인해서는 안 된다. 디자이너는 역시 발로 뛰어야 한다. 늘 소비자와 함께해야 한다. 매일 사람들을 관찰하고 시장조사를 하다 보면 저 옷은 팔리겠다, 하는 감이 온다. 팔린다는 말은 곧 사람들이 좋아한다는 말이다.

책상에 앉아 열심히 디자인하는 사람의 옷이 어느 순간 소비자에게서 좋은 호응을 얻었다고 치자. 그건 정말 행운에 불과하다. 프로는 우연한 행운을 바라지 않는다. 시장을 읽으려고 노력하는 의지를 통해 얻는 행운이야말로 진짜 값진 행운이다. 나는 가끔 우리 디자이너들에게 지나가는 말로 묻는다.

"요즘 시장은 어떤가?"

"예, 제가 주말에 한 번 나가봤는데요….."

이렇게 서두를 시작하는 디자이너의 말은 더 이상 들을 필요조차 없다. 프로 근성이 없기 때문이다. 언제 한 번 큰맘 먹고 나가서 시장조사를 하는 사람은 프로가 아니다. 매일 시장을 읽는다는 기분으로 살아야 한다. 열정이 없으면, 프로도 없다.

6

황무지는 버려진 곳이 아니라 기회의 땅이다

일생 동안 성공의 기회는 몇 번이나 주어질까? 흔히 '3번의 기회'가 온다고 한다. 하지만 과연 그 기회가 왔는지 깨달을 수 있는 사람은 얼마나 될까? 깨어 있지 않으면 설혹 기회가 와도 알지 못하고, 또 기회를 받아들일 만큼 나를 키워 놓지 않았다면 그 기회는 무용지물이 되고 만다. 경험으로 보면, 크든 작든 분명 누구에게나 몇 번의 기회는 온다.

헬렌 켈러는 "장님으로 태어난 것보다 더 불행한 사람은 시력은 있으되 꿈이 없는 사람이다."라고 했다. 그 꿈은 삶에 대한 애정과 적극적인 사고, 긍정의 바탕 위에서 자란다. 성공하는 사람들은 길에 눈이 쌓여 있어도 눈을 밟아 가며 길을 나서지만, 실패하는 사람들은 눈이 녹기를 기다렸다가 길을 떠난다. 긍정적이고 적극적인 사고로 꿈을 키워 왔다면 이제는 앞으로 걸어 나가야 할 때다.

기회를 찾아 세계 속으로

21세기 기업경영은 세계를 무대로 펼쳐진다. 예를 들어 옷을 한 벌 만든다고 생각해 보자. 우선 어디에 가서 만들어야 비용이 가장 적게 드는지 조사한다. 인도가 싼지, 중국이 싼지 검토한 뒤 가장 저렴한 비용으로 만들 수 있는 곳을 선택한다.

지금 보끄레는 중국뿐만 아니라 인도, 베트남 등 세계를 무대로 마케팅과 소싱을 하려 한다. 가능성이 보이면 희망하는 사원을 뽑아 현지에 연수를 보내고 있는데 그에게는 월급의 60퍼센트만 지급한다. 일을 하든 안 하든 60퍼센트는 어김없이 지불한다. 나머지 부족분은 그가 열심히 해서 본사와의 거래가 확정되었을 때, 거래액의 몇 퍼센트를 인센티브 형식으로 줄 계획이다.

이런 일을 잘 해낼 자신이 없거나 적극적이지 못한 사원은 월급이 줄어들 것이다. 하지만 이러한 조건을 기회로 성과를 낸 사원은 월급의 몇 배, 아니 몇 십 배를 받게 될 것이다. 그러면서 자기 자신을 기업화할 수 있는 기회를 얻게 된다. 기회를 좁은 한국 안에서만 찾지 말고 드넓은 지구에서 찾을 수 있도록 기회를 주기 위함이다.

나는 사원들에게 좋은 아이디어와 사업계획이 있으면 언제든 들고 오라고 말한다. "아이디어는 좋은데 돈이 없다."는 말은 이제 옛말이다. 아이디어만 좋으면 투자할 사람은 도처에 널려 있다. 나 또한 우리 사원들이 사업을 하겠다고 나선다면 흔쾌히 도와줄 것이다. 물론 사업의 타당성이나 수익성을 정리한 브리핑을 바탕으로 판단할 것이다. 누가 봐도 가능성이 있다고 판단되면 회사 돈으로 창업을 지원하고 그 사원이 사장이 되어 꾸려 나갈 수 있는 여건을 만들어 줄 것이다.

꿈을 단련시켜 주는 코스

2004년 초에 입사한 신입 사원이 있었다. 숙명여대에서 의류학을 전공한 사원이었다. 지금은 쇼핑몰 MD로 열심히 일하고 있지만, 처음에는 자재 파트에 입사해서 완제품 수입 업무를 담당했다. 이후 그녀는 잠시 액세서리 MD로 자리를 옮겼다가, 다시 2005년 7월 인터넷 MD로 발령이 났다. 단기간에 무척 자리를 많이 옮긴 경우였다. 그때는 쇼핑몰 부서가 생긴 지 8개월 남짓 되었을 때였다.

그즈음 사무실 앞의 엘리베이터 앞에서 수심 가득한 표정으로 창밖을 응시하며 서성거리던 그녀를 발견했다. 직감적으로 그녀가 어떤 일로 고민하고 있다는 것을 알 수 있었다. 곧장 그녀를 불러들였다. 내 방에 들어온 그녀는 의자에 앉자마자 눈물부터 글썽였다. 내가 먼저 말을 꺼냈다.

"지금 정신적인 공황상태에 빠져 있는 것 같아. 맞지?"

공교롭게도 짧은 기간에 여러 파트를 옮겨 다니다 보니 자기가 인정받지 못하고 있는 것은 아닌가, 하고 생각했을 터였다.

"하나만 물어보자."

"네, 말씀하세요."

"너, 나를 신뢰할 수 있니?"

"네."

"그런데도 내가 아무 생각 없이 너를 이곳저곳에 보낸 거라 생각했니?"

"그건 아니지만요…."

"쇼핑몰 비즈니스는 우리나라에서 시작된 지 얼마 되지 않았어. 그만큼 전문가가 적다는 뜻이지. 아직 황무지라고나 할까? 개척정신을 갖고 이리저리 뛰다 보면 힘은 들겠지만 지금까지 몰랐던 많은 새로운 경험을 쌓게 될 거야. 되도록 많은 경험을 해 볼 수 있는 기회를 갖는다는 것이 인생에서 얼마나 소중한지 지금은 잘 느끼지 못하겠지만, 나를 믿을 수 있다면 긍정적이고 적극적으로 이 상황을 받아들여 봐."

나는 코오롱 시절, 이윤이 나지 않고 일하기 고달픈 부서만 일부러 골라 맡으려 했던 이야기를 해 주었다.

"저는 사장님을 믿습니다. 사장님께서 저를 그곳으로 보내셨을 때는 다 이유가 있으셨겠죠."

"그래, 일단 가서 일을 해 봐. 네 꿈을 키우는 데 많은 도움이 될 테니까."

그녀는 쇼핑몰 MD가 되면서 전혀 새로운 세계를 경험하게 된다. 이미 운영 중인 각 브랜드는 파트별로 사람들이 있지만 쇼핑몰 부서는 생산, 소싱, 영업까지 직접 뛰어야 할 만큼 할 일이 많았다. 또한 일을 체계적으로 가르쳐 줄 사람도 없었다. 다 같이 배워 가며 하는 참이었다.

시행착오를 많이 겪게 되리라는 사실도 미리 알려 주었다. 그녀는 곧 스스로 하나씩 이뤄 나가는 자신의 모습을 보게 되었다. 내가 그녀에게 해 줄 수 있는 것은 다양한 분야를 볼 수 있도록 시야를 터 주는 일이었다. 스스로 권한을 갖고 책임을 느끼게 하는 것이었다. 그리고 그것은 그녀 나름의 꿈을 실현하기 위해서는 당연히 밟아야 할 코스였다.

보끄레는 우수한 사원들을 외국에 파견해 연수를 받도록 하고 있다. 2005년에는 모스크바에 두 명, 싱가포르에 한 명, 대만에 한 명, 홍콩에 한 명, 이렇게 다섯 명이 연수를 마치고 돌아왔고 2006년 5월에는 미국 로스앤젤레스에 한 명, 인도에 한 명, 베트남에 한 명, 이렇게 세

명이 6개월 연수를 떠났다. 외국인들과 어울려 지내며 글로벌 시티즌(global citizen)으로 살아가기 위해서 스스로 무엇이 필요한지를 깨닫고 황무지 개척도 두려워하지 않도록 단련시키기 위함이다.

불멸의 예술작품은 작가가 가장 힘들 때 탄생한다. 많이 먹으면서 날씬해지기를 바라지 말자. 낭비하면서 부자 되기란 어려운 법이다. 황무지, 비록 지금은 버려진 땅일지라도 그곳은 '기회의 땅'이다.

7

희망은 어떻게 오는가

대학에 다닐 무렵, 나는 늙으신 부모님을 대신해 집안 살림을 꾸려 가야 하는 장남이었다. 가정교사 아르바이트를 하면서 학비를 벌고 남은 돈으로 연탄과 쌀을 샀다. 생활비는 늘 턱없이 부족했다. 아르바이트 자리가 꾸준히 있는 것도 아니었다. 지인들을 만날 때마다 아르바이트 자리가 있으면 소개해 달라고 부탁했다.

그러던 나는 '풍년호 발동기'라는 회사의 사장님 댁에 입주 가정교사로 들어갈 수 있게 되었다. 대학 학비를 대 줄 테니 막내아들이 양정중학교에 들어갈 수 있도록 가르쳐 달라는 조건이었다. 학비 부담을 덜 수 있겠다 싶어 바로 승낙했다. 그런데 그 집 아들을 가르치는 일은 쉽지 않았다.

알고 보니 내가 오기 전에도 가정교사가 10여 명이나 바뀌었다고 했다. 나는 최선을 다했다. 그 녀석도 아침 과외 마치고 수업 듣고 집에 돌아와서 또 쉴 틈도 없이 저녁 과외를 받아야 했으니 지겨웠을 것이다. 나 또한 지독하게도 말을 안 듣는 녀석을 달래 가며 가르치는 일이 정말로 힘들었다. 친구들은 미팅이다 여행이다 하며 한창 청춘을 즐기고 있는데, 나는 생계의 짐까지 떠맡아 고생한다고 생각하면 세상이 원망스럽기도 했다. 어떨 때는 친구들과 어울려 즐겁게 놀고 싶다는 생각이 들기도 했다. 하지만 그런 생각은 그저 사치일 뿐이었다.

학교 수업을 마치고 집으로 가기 위해 버스를 기다리고 있었다. 내 손에는 달랑 버스비만 들려 있었다. 한 떼의 대학생 무리들이 우르르 몰려 나와 신나게 떠들며 어디론가 가고 있었다. 나는 화려하고 말끔한 그들의 차림새와 궁색해 보이는 내 처지를 비교해 보았다. 그때 내 머릿속에는 '왜?' 하는 물음이 떠올랐다. '왜 나만 이렇게 고생해야 하는 거야.' '왜 나는 부잣집에서 태어나지 못했을까?' '왜 내가 우리 집 생활비까지 벌어야 하지?' 이런 생각을 하자 마음이 울적해졌다. 화려한 도시의 거리도, 마음껏 청춘을 즐기며 어울리는 내 또래의 학생들도, 환하게 불 켜진 음식점들도 모두 설움으로 느껴질 뿐이었다.

감수성이 예민한 때라서 그랬는지도 모르겠다. 어쨌든 나는 정말로 이 모든 짐을 다 벗어던지고 도망치고 싶다는 생각이 간절했다. 그러나 나는 집안의 장남이었다. 내가 이대로 포기해 버리면 이미 환갑이 넘은 늙으신 부모님이 무슨 희망으로 사실까. 나 때문에 학업도 포기하고 일찌감치 돈벌이에 나선 동생에게 미안한 생각도 들었다. 부모님의 유일한 희망이 바로 나라는 것을 알기에 더욱 포기할 수 없었다.

나는 다시 마음을 다잡고 버스에 올라탔다. 여기서 포기하면 아무것도 못한다는 생각으로 이를 악물었다. 사장님 댁에 돌아오면 곧바로 수업 준비를 했다. 너그러우신 사장님 내외분을 생각해서라도 가르치는 일을 게을리 할 수는 없었다. 양정중학교에 입학시킨다는 약속을 지키고 싶었기 때문이다.

따뜻한 사랑이 키워 준 자존심

꼼꼼히 과외준비를 하고 하나라도 더 가르치기 위해 내가 더 열을 냈다. 어린 아이 눈에도 내 노력이 가상했는지 처음에는 이 핑계 저 핑계를 대며 공부를 꺼리던 아이가 차츰 잘 따라 주기 시작했다. 밤 12시까지 전 과목에 걸쳐 과외수업을 하고 나면 온몸이 늘어지고 피로가 밀려왔다.

그런데 문제는 정작 중요한 내 공부를 할 시간이 턱없이 부족하다는 점이었다. 나는 12시경 지쳐 잠들었다가 새벽 4시에 일어나 내 공부를 했다. 그 집 사장님의 기상시간은 새벽 5시 무렵이었다. 그날도 새벽 공부를 하다가 깜박 졸았던 모양이었다. 눈을 떠 보니 사장님이 안쓰러운 얼굴로 쳐다보고 계셨다.

"잠이라도 편하게 잘 것이지 쭈그리고 앉아서 그게 뭔가."

의자에 머리를 기댄 채 졸고 있었던 것이다.

"괜찮습니다."

당황하고 창피했던 나는 머리를 긁적였다. 그런데 사장님이 주머니에서 뭔가를 꺼내 내 손에 쥐여 주셨다.

"이게 뭡니까?"

"이렇게 피곤한데도 우리 아들 녀석 공부를 잘 봐 준다고 들었네. 내가 너무 고마워서 그런 거니까 용돈으로 쓰게."

손을 펴 보니 6,000원이었다. 그 당시 쌀 한 가마니가 3,000원이었다. 내 처지에는 꽤 큰돈이었다.

"받을 수 없습니다."

돈을 도로 내놓았다. 이미 등록금으로 월급을 미리 받은 것이나 마찬가지였기 때문에, 일하지 않은 몫은 받을 수 없다고 생각했다.

"그러지 말고 받아 둬."

"안 됩니다."

"어허, 이 사람 황소고집일세."

"그래도 받을 수 없습니다."

그렇게 한참 승강이를 했다.

"아니, 자네는 어른이 주면 아무 소리 않고 받는 게 예의란 걸 모르나?"

갑자기 사장님이 화를 벌컥 냈다. 나는 당황해서 어쩔 줄 몰랐다. 그 틈을 타 사장님이 내 주머니에 돈을 집어넣었다.

"그리고 이건 우리 집사람에게는 비밀로 해 주게."

그러면서 황급히 방에서 나가 버렸다. 나는 학교 갔다 오는 길에 집에 들러 그 돈 6,000원으로 쌀과 연탄을 사 놓았다. 하지만 그날 이후 내내 가시방석에 앉은 듯 마음이 불편했다.

그러고 나서 며칠 후, 이번에는 사모님이 방으로 찾아왔다. 그러고는 내게 또 돈 3,000원을 내미는 게 아닌가.

"이 선생이 자식 같아서 주는 거야. 부담 갖지 말고 받아 둬."

안 그래도 지난번 일로 마음이 가시방석인데 사모님까지 용돈을 주시니 마음이 더 무거웠다. 받지 않겠다고 해도 막무가내였다. 그러면서 사모님 역시 사장님께는 비밀로 하라고 말씀하셨다. 내 자존심을 지켜 주기 위해 두 분 모두 그런 핑계를 대며 용돈을 주셨을 것이다.

그때 나는 도저히 숨길 수가 없어 며칠 전 사장님과의 일을 털어 놓았다. 사장님과의 약속을 깨 버린 것이다.

어쩌면 어떤 사람들은 횡재했다고 생각할지도 모른다. 그러나 왠지 동정을 받은 듯한 느낌이 들었고 그 느낌은 견디기 어려웠다. 두 분은 자식 같으니까 또 그분들께는 부담스러운 액수가 아니니까 정말 순수한 마음으로 주셨을 것이다. 하지만 아무리 처지가 어려워도 동정 받는다는 느낌은 너무나 싫었다. 어느 정도 사는 사람이라면 두 분의 뜻을 있는 그대로 고맙게 받아들였을 수도 있었겠지만 너무나 힘든 상황이다 보니 자존심에 상처를 입은 것이다. 나는 자존심만큼은 끝까지 지키고 싶었다.

모교인 고려대 교가 중에 이런 대목이 있다.

"호랑이는 굶주려도 풀을 먹지 않나니."

꼭 그런 심정이었다. 하지만 지금도 따뜻했던 두 분 마음을 고이 간직하고 있고 감사하고 또 죄송하다.

다행히 막내아들은 양정중학교에 합격했다. 나는 약속을 지켰으니 과외를 그만두겠다고 했다. 그러자 사장 내외분께서는 아들이 대학에 들어갈 때까지 꼭 있어 줘야 한다며 한사코 말리셨다. 정말로 순수한 호의는 감사하지만 도저히 그럴 수는 없었다. 무엇보다 마음이 편하지 않았다. 그래도 허락하시질 않아 할 수 없이 죄송하지만 군대 영장이 나왔다고 본의 아니게 거짓말을 하고 하직 인사를 드렸다.

그분들로 인해 세상에는 후덕한 사람들이 많다는 것을 깨달았다. 언젠가는 그분들이 내게 베풀어 준 사랑을 다른 이들에게 되돌려 주고 싶다는 생각도 했다. 그 집을 나와서 생활은 다시 어려워졌지만 마음만은 그렇게 편할 수 없었다.

희망으로 가는 길

나는 어렵게 대학을 졸업하고 당시 우리나라에서 월급을 가장 많이 준다는 대한석탄공사 입사시험을 치렀다. 경쟁률이 너무 높아 합격은 어렵겠다 싶었는데, 결과는 합격이었다. 처음에는 너무 좋아 하늘로 날아오르는 것만 같았다. 그러나 신입사원은 6개월 이상 의무적으로 장성 탄광에 가 있어야 한다는 회사 지침 때문에 입사를 포기했다. 멀리 가게 되면 늙으신 부모님을 봉양할 사람이 없었기 때문이다.

입사를 포기하면서 갈등이 전혀 없었던 것은 아니었다. 어렵게 합격한 만큼 꼭 다니고 싶은 생각이 간절했다. 하지만 두 노인네를 모시고 장성까지 내려가기도 그렇고 인사부서에 물어보니 6개월 만에 올라올 수 있을지 몇 년을 더 있어야 할지 모른다고 했다. 딱히 부탁할 곳도 없었던 나는 고민 끝에 과감히 사표를 내고, 다시 취직시험을 보았는데 그 회사가 바로 '오늘의 나'를 있게 한 코오롱의 전신, 한국나일론이다.

포기하지 않고 스스로 인생을 개척할 수 있었던 힘. 그 힘의 원천에는 몰래 용돈을 쥐여 주신 사장님 내외분의 순수하고 따뜻한 사랑이 있었다. 두 분은 결과적으로 나의 자존심을 키워 주셨고 그 자존심은 평생토록 나를 지켜주는 정신적 척추가 되었다.

사랑을 나누고 행복해진 사람들

우리 회사는 월 1, 2회 훌륭한 외부 인사를 초빙해 여러 가지 특강을 듣는다. 그래서 사무실이 다소 협소해도 전 직원이 들어갈 수 있는 교육장을 마련해 두고 있다.

2002년 겨울이다. 연변과학기술대학의 김진경 총장을 모시고 특강을 들은 일이 있다. 그분의 인품을 아는지라 강사료를 어떻게 지불해야 할지 고민한 끝에 과기대생 중 총장께서 추천하는 2명의 학생에게 졸업할 때까지 전액 장학금을 주기로 제의했고 총장님도 기꺼이 받아들이셨다.

총장님은 최련과 김향화라는 학생을 소개해 주었다. 최근 연락받은 바로는 그들이 벌써 올 연말에 졸업이란다. 그 말을 들으니 그들로부터 처음 받은 이메일이 생각났다. 구구절절 신세 한탄을 하는 듯한 내용으로 가득했다. 나는 메일을 받아 보고 깜짝 놀랐다. 그들에게 내가 겪은 역경의 이야기를 들려주면서 세상을 긍정적으로 바라보도록 이끌었다.

"푸른 안경을 끼고 세상을 바라보면 세상이 온통 파랗게 보이고 검은 안경을 끼고 세상을 보면 까맣게 보인단다. 네 마음의 창에 세상을 긍정적으로 볼 수 있는 맑은 안경을 끼고 살아가면 좋겠다. 가난은 죄가 아니다. 부끄러움도 아니다. 너희들에게 용기와 인내와 지혜를 가르쳐 줄 너무나 훌륭한 선물이다."

나는 그들에게 이해인 수녀님의 『민들레 영토』 등 여러 권의 책을 사서 보내 주었다. 그들이 서서히 변해 가던 어느 날, 김향화 학생에게서 뜻밖의 메일을 받았다. 그녀는 메일로 "사장님께 진 빚을 어떻게 갚아야 합니까?" 하고 물어 왔다. 나는 당황했다. 그리고 김향화가 드디어 세상을 긍정하기 시작했다는 것을 느낄 수 있었다.

"정말로 내게 빚을 졌다고 생각한다면 살아가면서 너처럼 힘든 사람을 만났을 때 외면하지 말고 그들을 도와주는 것이 내게 빚을 갚는 길 아니겠니."

이메일을 쓰는 내내 기분이 좋았다.

그 후 김 총장께서 빚을 갚으러 연변에 한번 오라고 수차례 전화를 하셨다.

"무슨 빚 말씀입니까?"

김 총장님은 허허 웃으며 말씀하셨다.

"나도 당신네 회사 직원들에게 좋은 얘기를 들려주었으니 당신도 우리 학생들에게 얘기 좀 해 주고 가란 말이오."

그제야 총장님의 뜻을 이해할 수 있었다.

"한데 우리 학교는 가난하니까 항공료와 호텔 숙박료는 이 사장 본인이 부담해야 합니다."

김 총장님의 말씀에 나는 크게 웃었다. 그 후 나는 연변과기대에 가서 학생들에게 '마음의 창' 이라는 주제로 90분간 얘기를 하고 돌아왔다. 총장님 말씀대로 빚을 갚은 셈이었다.

난 지금도 김진경 총장님을 비롯한 과기대 교수분들 그리고 학교에서 일하는 모든 분들을 존경한다. 내로라하는 세계 명문대학에서 박사 학위를 받고 수억 원의 연봉을 받을 수 있는 분들이 월급 한 푼 없이 어려운 꿈나무들을 위해 헌신하시는 모습을 보면 절로 머리가 숙여진다.

멋진 고급 아파트에서 살던 분들이 조그만 아파트에서 기거하시며 겨울이면 창문에 바람막이용 비닐을 걸치고 추위와 싸워 가며 생활하시면서도 얼굴에 밝은 미소를 잃지 않고 사시는 그분들이야말로 진짜 행복한 분들일 것이다. 처음 그곳에 가자고 했을 때는 부인들이 펑펑 울었다고 한다. 하는 수 없이 남편을 따라와 힘들게 살았지만 어떤 분이 말씀하시길 지금은 남편들보다 더 행복해 하신다고들 한다.

사랑은 받는 사람보다 주는 쪽이 더 행복한 것일까?

그분들께 늘 하나님의 보살핌이 함께하기를 기원한다.

며칠 전 최련에게서 이메일을 받았다. 내용인즉슨, 엘지에서 오라고 하는데 나에게 빚을 졌으니 당연히 우리 회사에 와서 일을 해야 도리가 아니겠는가, 하는 것이었다. 우리 상해 사무실에 와서 일을 하는 게 보답하는 길이라 생각한 것 같다. 참으로 그 마음이 고맙게 느껴졌다.

"내게 빚을 졌다는 마음 때문에 돈의 인질이 되어서야 되겠니? 양쪽을 다 잘 검토해 보고 네가 정말로 좋은 길을 택하거라. 네가 더 잘되는 것이 곧 나의 바람이니까."

나는 이렇게 답을 해 주었다. 나는 부담 없이 어디로 가는 게 더 성공할 수 있을지에 초점을 맞춰 결정하라고 권했지만 그는 고민 끝에 우리 회사에 오기로 최종 결심을 하게 되었다.

8

늘 미래를 향해 깨어 있으라

임영숙을 알게 된 건 그녀가 25세 때였다. 그녀는 어느 의류회사의 디자이너였다. 그녀가 디자인한 옷을 처음 봤을 때 남다른 감각이 있다는 것을 느꼈다. 그 후 관심을 갖고 계속 지켜보다 우리 회사로 영입했다. 주변 사람들의 평판도 좋았다.

당신 앞에 있을 새로운 길을 준비하라

디자이너들은 임원이 되지 않는 이상, 마흔 무렵이 되면 대개 현직에서 은퇴한다. 감각이 떨어진다는 이유에서다. 그런 편견 때문에 아까운 인재들이 의류업계에서 물러나는 경우를 종종 보아 왔다.

임영숙은 열심히 일했다. 하지만 그녀도 머지않아 본인이 원하든 원하지 않든 물러나게 될 터였다. 안타까운 생각이 들었다. 여러 면에서 신뢰할 만한 여성이었다.

2003년, 나는 그녀에게 경영대학원에 갈 것을 권유했다. 대학원을 가되 중국과 관련이 있는 학과를 선택하도록 했다.

"디자이너인 제가 왜 경영대학원에 가야 하죠?"

"다니다 보면 그 이유를 알 거다. 내 말대로 경영학을 공부하도록 해. 그리고 내가 왜 경영학을 공부하라고 했는지 이유를 깨닫게 되면 그때 다시 나를 찾아와라."

그녀는 내 뜻에 따라 국민대 경영대학원에 입학했다. 1학기가 지나자 그녀가 나를 찾아왔다.

"사장님, 처음에는 정말 공부하는 게 너무 어렵고 힘들었어요. 경영학은 처음 접해 본 분야잖아요. 그래서 그냥 포기할까 생각한 적도 있었어요. 그런데 이제는 뭔가 조금 알 것 같아요. 디자이너의 눈으로 세상을 볼 때는 몰랐는데, 제 앞에 디자이너로서의 삶 말고도 전혀 새로운 다른 길이 있더라고요. 솔직히 이렇게 디자인만 하다가 나이가 들면 자연스럽게 후배들에게 밀리고, 결국 다른 디자이너들처럼 은퇴를 하게 되는 건가 싶어 걱정했거든요. 그런데 경영학을 공부하고 나서부터는 바로 이거구나, 하는 생각이 들었어요."

그녀가 스스로 답을 찾아낸 게 무척 기뻤다.

"바로 그거야, 지금은 네가 디자이너일 뿐이지만 언젠가는 네 일을 해야 할 때가 올 거야. 그때 네가 준비되어 있지 않다면 할 수 없지 않겠니?"

내가 그녀를 선택한 것도 특유의 성실성과 인내심, 그리고 뚝심 때문이었다.

혼자 힘으로 세상에 맞서라

대학원을 마친 그녀를 중국으로 보냈다. 중국 현지의 상품 기획에서부터 디자인, 제품 생산까지를 모두 책임지도록 했다. 물론 한국에서 옷을 보내 주기는 하지만, 현지에서 독립적으로 중국에 꼭 필요한 것을 만들어 보충하는 일을 챙기도록 한 것이다.

1년쯤 지난 뒤, 나는 그녀에게 이제 나에게서 독립해야 월급쟁이 마인드를 벗어날 수 있다고 말했다. 그만 젖을 뗄 때가 되었다고 판단한 것이다. 우리 ON&ON 것만 만든다고 생각하지 말고 다른 기업, 중국 기업이든 한국 기업이든 본인이 해 보고 싶은 생각이 들면 무엇이든 하라고 조언했다.

"명심해라! 너는 지금 구명조끼도 없이 태평양 한가운데에 내던져진 거야. 그러니까 어떻게 하든 네 힘으로 헤엄쳐서 육지로 가야 해. 그런 마음가짐으로 일해야 성공할 수 있어. 물론 뒤에서 내가 지켜보고 있을 테지만, 아무도 널 도와줄 사람이 없다는 생각으로 일해야 해."

의지를 더욱 북돋아 주기 위해 나는 그렇게 말했다. 그동안 간접적으로 체크해 본 결과, 그녀가 처한 상황이 그렇게 낙관적이지는 않았다. 처음 사업을 시작하는 사람이라면 누구나 그렇듯이 갖가지 어려움에 봉착해 있었던 것이다. 내가 권한 일이기에 당장 그녀를 지원하고 싶은 마음도 있었다. 하지만 그녀 스스로 고비를 넘기지 못하면, 어디에서 무얼 하든 결코 성공할 수 없을 터였다. 일단 도움 요청이 올 때까지 기다려 보기로 했다.

그러나 그녀는 도움을 청하지 않았다. 힘들 때마다 더욱 열심히 일했고 마침내 독립적인 사업영역을 구축해 냈다. 중국 정부의 허가를 받아 2006년 1월, 중국에 디자인 회사를 설립한 것이다. 마침내 그녀는 CEO가 되었다. 사장이 되고 보니 지난날 나의 조언대로 경영학을 공부했던 게 큰 도움이 되었을 것이다.

최근에 그녀를 만난 자리에서 이렇게 물었다.

"그동안 얼마나 까먹었어?"

나는 당연히 그녀가 약간의 자본금을 손해 봤으리라고 생각했다. 그러나 그녀의 대답은 의외였다.

"사장님, 저 한 푼도 까먹지 않았어요. 지금 힘들고 고민도 무척 많지만 잘 해낼 자신 있어요."

그러면서 환하게 웃는 것이었다.

"그래, 정말 대단하다. 앞으로 5년 안에 딱 10억 원만 벌어라. 넌 충분히 해낼 수 있을 거야. 그리고 나면 내가 또 새로운 길을 열어 주마."

"사장님, 제가 어떻게 은혜를 갚아야 하죠? 사장님을 못 만났으면 이렇게 넓고 다양한 세상이 있다는 것을 몰랐을 거예요."

꿈을 펼칠 무대를 만들어 준다는 것

그녀의 회사가 점차 성장하면 자연스럽게 투자자들이 생겨날 것이다. 물이 높은 곳에서 낮은 곳으로 흘러가듯, 돈은 수익성 높은 곳으로 몰려든다. 그녀의 성실성과 뚝심, 그리고 디자인 감각을 감안할 때 충분히 실현 가능성이 있다.

"중국인이든 한국인이든 투자자들이 네게 몰려들 때가 올 것이다. 내가 투자자들을 소개해 줄 수도 있고. 단, 네가 정말 열심히 해서 회사를 어느 정도 키워 놓아야 네 능력을 보고 투자를 하겠지? 그렇게 되면 다음 단계로 너만의 브랜드를 시작해 보는 거야. 3단계 전략은 그때 가서 이야기해 주마."

그녀는 몇 번이고 고맙다는 말을 했다. 이후 그녀의 아버지가 나를 만나고 싶어 하신다는 말을 전해 들었다. 왜 그러시느냐고 물어보니, 세상에 그런 사람이 어디 있느냐면서 내 딸을 친딸처럼 이끌어 주니 고맙다는 인사라도 해야 되지 않겠느냐는 것이었다. 물론 사양하긴 했지만 아버님의 마음 또한 고맙다.

인재를 발굴하고 키워 내는 일만큼 보람 있는 일도 없다. 나는 우리 회사의 모든 직원들을 인재로 키우고 싶다. 그래서 그들이 세계 무대에서 성공적으로 일할 수 있다면 내 시간과 노력을 아낌없이 투자할 것이다. 그들의 성공이 또한 회사의 가장 튼튼한 울타리가 될 테니 말이다.

나를 믿고 따라 준 인재들이 앞으로 세계 시장을 누빌 생각을 하면 마음이 흐뭇하다. 키우고 발굴한 인재들이 중국 시장, 아니 세계 시장으로 진출해서 성공하는 사례는 앞으로도 더욱 늘어 갈 것이다. 자랑하고 싶은 수많은 인재들이 보끄레에서 오늘도 비장의 실력을 갈고 닦고 있기 때문이다.

4부

성공의 개념을 바꾸어라

사회란 여러 사람과 집단, 조직이 함께 아울려 돌아가게 마련이다. 회사도 마찬가지다. 한 회사가 성장하고 발전하기 위해서는 여러 업체들의 지원과 도움이 뒤따라야 한다. 코오롱에서 원사 판매를 담당하던 시절, 협력업체와의 신뢰가 중요하다는 사실을 깨닫게 해 준 일화가 있다. 왜 비싼 우리 실을 쓰시죠? 대구에서 SS섬유라는 회사가 있었는데, 아버지뻘 되시는 분이 사장이셨다. 코오롱의 원사가 다른 곳보다 5퍼센트 정도 비쌀 때였는데, SS섬유는 당시 거의 코오롱 원사만을 사용했다. 오랫동안 거래하면서 늘 그 이유가 궁금했다. 그러던 어느 날 결제를 받으러 갔다가 사장님과 차를 마시게 되어 그 이유를 물었다. "사장님, 궁금해서 여쭤 보는데요, 저희 실이 다른 데보다 5퍼센트 정도 더 비싼 것은 알고 계시죠?' 나는 실을 팔 때 우리 실이 좀 더 비싸다는 것도 미리 알려 드렸었다. "알다마다…." "그런데 왜 더 비싼 우리 실만 쓰시는 거죠?" "코오롱 실이 비싸긴 비싸지. 하지만 그 실은 사실 싼 거야." 무슨 뚱딴지 같은 말씀이신가 싶었다. "다른 곳 실도 안 써 본 게 아니야. 그런데 다른 곳 실을 써 보니 납품일이 잘 지켜지지 않을 때가 많았어. 그러면 공장 가동이 중단될 때가 있다는 것은 자네도 잘 알잖아." 원사 납품이 늦어져 공장 가동을 멈추게 되면, 공장으로서는 큰 손해가 나는 일이었다. "그런데 코오롱에 발주하면 아주 철저하게 날짜를 지켜 주잖아, 그러니까 기계가 설 일도 없고…. 결국 따져 보면 코오롱 실이 더 싼 거야." 일리가 있는 말씀이었다. 그러나 그런 이유 때문만은 아니었다. 내가 공장의 작업 상황과 원사 재고 여부를 늘 체크하는 등 단순한 판매 차원을 넘어 마치 내 회사처럼 애정을 쏟은 것도 한몫했을 것이다. 꼭 SS섬유뿐 아니라 당시 거래하던 모든 협력업체에도 똑같은 애정과 관심으로 대했다. SS섬유 사장님은 실제로 나를 원사 판매 담당자 이상으로 대해 주셨다. 아들 대하듯 이런저런 삶의 조언도 아끼지 않으셨고, 결제도 언제나 명쾌했다. 최종소비자가 아닌 제조업체들은 대부분 양면성을 갖는다. 구매자인 동시에 판매자인 것이다. 코오롱의 경우, 원료를 사들일 때는 구매자고 실을 만들어 팔 때는 판매자다. SS섬유의 경우 나에게 원사를 살 때는 구매자이지만, 원단을 구입하려는 쪽에는 판매자가 된다. 일을 맡기거나 물건을 구입할 때는 아랫사람 부리듯 고자세를 취하고, 물건을 판매할 때는 한없이 저자세를 보이는 경우를 종종 발견한다. 흔히 말하는 갑과 을의 관계처럼 말이다. 그러나 과연 그것이 옳은 자세인가? 강자 앞에서는 한없이 약하고 약자 앞에서는 강자로 군림하려는 태도, 한 번쯤 생각해 봐야 하지 않겠는가? 상호 기본적인 예의와 신뢰를 바탕으로 한 관계가 건강하지 않을까. 보그레는 원단업체, 원사업체, 부자재업체 등 수많은 협력업체들과 유기적이고 상호 발전적인 관계를 유지하고자 노력하고 있다. 수시로 협력업체들에 어떤 어려움이 있는지 확인하고 도움을 줄 수 있는 부분이 있는지 검토한다. 물론 모두 해결해 줄 수는 없지만 어려움을 덜어 주고자 하는 기본적인 의지를 갖고 있다. 직원들에게도 적극적인 협조와 노력을 당부한다. 본의 아니게 사정이 안 좋아지거나, 또는 계획에 차질이 생기거나 지연될 때 일거리가 없을 수 있다. 그럴 때면 협력업체는 보름이든 한 달이든 일을 쉬어야 한다. 나는 늘 직원들에게 철저하게 계획을 세워 그런 일이 최소화되도록 노력해 달라고 말한다. 함께 성장해야 한다는 뜻도 있지만, 그들의 부실이 곧 우리의 부담으로 이어질 수 있기 때문이다. 협력업체들은 결국 우리의 보호막이고 우리의 힘이다. 서로 '윈-윈' 하는 상생의 정신으로 함께 발전할 수 있기를 바란다. 나만 성공하면 된다는 식의 관계는 오래가지 못한다. 그렇게 이룬 성공도 마찬가지다. 나는 지금도 코오롱 시절 인연을 맺은 협력업체 분들과 연락하며 협력관계를 유지하고 있다. 코오롱에서 본부장으로 일하던 당시, 코오롱과 오랫동안 거래를 해 온 D라는 회사가 있었다. 대전에 있었는데, 그 회사의 R회장이라는 분이 회사 경영을 맡아 달라고 부탁을 해 왔다. 오랜 기간 지켜봤지만 겸손하고 신용 있는 믿을 만한 분이었다. 그러나 나는 체질적으로 잘 차려진 밥상에 숟가락만 들고 덤비는 일에는 별로 흥미를 느끼지 못한다. 그런 환경에서는 열정도 원하는 만큼 발산을 못하는 편이다. 그보다는 열심히 밥상을 차리는 일을 더 좋아하는 편이다. 그래야 때로는 적당히 긴장하고 새롭게 도전해 보고 또 그 일의 결과가 좋아졌을 때 스스로 내 존재 가치를 느끼고 인정받을 수 있기 때문이다. 그런 이유로 유 회장의 청을 고사하면서 하다 하다 정 힘들어지면 그때 가서 연락을 달라고 했다. 그러면 그때 가서 다시 생각해 보겠다고 했다. 그 당시만 해도 D회사는 잘되고 있었던 것이다. 그리고 몇 년이 지난 어느 날, R 회장이 다시 사무실에 찾아왔다. "이 본부장, 지금 우리 회사가 아주 어렵게 되었소. 그러니 당신이 말했던 대로 제발 우리 회사 좀 맡아 주시오. 이 본부장 아니면 도무지 회사를 살릴 사람이 없어서 그래요." 그는 거의 매일 찾아왔다. 당시 내가 맡고 있던 코오롱 패션사업본부는 매우 잘되고 있었다. 안주하느냐, 새로운 도전이냐를 두고 나는 갈등하지 않을 수 없었다. 당시 코오롱 패션사업본부는 어느덧 잘 차려진 밥상이 되어 있었다. 관리만 잘하면 앞으로도 별 어려움이 없어 보였다. R 회장은 '곧 망하게 생겼다'며 하루가 멀다 하고 찾아왔고, 책상 옆에 붙어 앉아 사정했다. 쓰러져 가는 회사를 다시 일으켜 보겠다는 생각으로 마침내 나는 그의 청을 받아들였다. 부하직원들이나 친구들, 심지어 가족들도 반대했다. 대놓고 '미친 짓'이라고 하지는 않았지만, 거의 그런 투로 '이해할 수 없는 별종'이라고 했다. 아무 문제없이 승승장구하고 있는 자리를 박차고 나와 수렁으로 들어가겠다고 하니 충분히 그럴 만도 했다. 하지만 나는 한번 부딪혀 보기로 했다. 회사 사정이 정확히 어떤 상태인지 파악하기 전이었지만 그대로 두었다가

1

내 인생의 가장 큰 자산

코오롱에서 본부장으로 일하던 당시, 코오롱과 오랫동안 거래를 해 온 D라는 회사가 있었다. 대전에 있었는데, 그 회사의 R 회장이라는 분이 회사 경영을 맡아 달라고 부탁을 해 왔다. 오랜 기간 지켜봤지만 점잖고 신용 있는 믿을 만한 분이었다.

그러나 나는 체질적으로 잘 차려진 밥상에 숟가락만 들고 덤비는 일에는 별로 흥미를 느끼지 못한다. 그런 환경에서는 열정도 원하는 만큼 발산을 못하는 편이다. 그보다는 열심히 밥상을 차리는 일을 더 좋아하는 편이다. 그래야 때로는 적당히 긴장하고 새롭게 도전해 보고 또 그 일의 결과가 좋아졌을 때 스스로 내 존재 가치를 느끼기 때문이다.

그런 이유로 R 회장의 청을 고사하면서 하다 하다 정 힘들어지면 그때 가서 연락을 달라고 했다. 그러면 그때 가서 다시 생각해 보겠다고 했다. 그 당시만 해도 D회사는 잘되고 있었던 것이다.

그리고 몇 년이 지난 어느 날, R 회장이 다시 사무실에 찾아왔다.

"이 본부장, 지금 우리 회사가 아주 어렵게 되었소. 그러니 당신이 말했던 대로 제발 우리 회사 좀 맡아 주시오. 이 본부장 아니면 도무지 회사를 살릴 사람이 없어서 그래요."

그는 거의 매일 찾아왔다. 당시 내가 맡고 있던 코오롱 패션사업본부는 매우 잘되고 있었다. 안주하느냐, 새로운 도전이냐를 두고 나는 갈등하지 않을 수 없었다.

피 말리는 경영수업

당시 코오롱 패션사업본부는 어느덧 잘 차려진 밥상이 되어 있었다. 관리만 잘하면 앞으로도 별 어려움이 없어 보였다. R 회장은 '곧 망하게 생겼다'며 하루가 멀다 하고 찾아왔고, 책상 옆에 붙어 앉아 사정했다.

쓰러져 가는 회사를 다시 일으켜 보겠다는 생각으로 마침내 나는 그의 청을 받아들였다. 부하직원들이나 친구들, 심지어 가족들도 반대했다. 대놓고 '미친 짓'이라고 하지는 않았지만, 거의 그런 투로 '이해할 수 없는 별종'이라고 했다. 아무 문제없이 승승장구하고 있는 자리를 박차고 나와 수렁으로 들어가겠다고 하니 충분히 그럴 만도 했다.

하지만 나는 한번 부딪혀 보기로 했다. 회사 사정이 정확히 어떤 상태인지 파악하기 전이었지만 그대로 두었다가는 머지않아 주저앉을 것 같았다.

"그러면 제가 해 보겠습니다. 하지만 저는 회사 사정에 대해 아무것도 모릅니다. 그러니 6개월 동안은 업무 파악에만 집중할 수 있도록 자금 문제 등으로 신경 쓰지 않게 해 주십시오.”

R 회장은 그러겠다고 약속했다.

1984년, 사실상 첫 직장이었던 코오롱에서 일한 18년 세월을 마감했다. 이런저런 감회가 밀려들었다. 지나온 삶을 돌이켜 보니 그래도 아쉬움보다는 보람이 더 컸다.

그때 직접 회사를 설립해 운영해 보고 싶다는 생각도 들었고 자신감도 있었다. 패션사업본부 본부장으로 일할 때도 윗분들로부터 절대적 권한을 위임받아 행사하기는 했지만 그렇다 해도 사장과 같을 수는 없었다. 내가 직접 설립한 회사는 아니지만 한 회사를 직접 책임지고 운영해 보고 싶었고, 이왕이면 어려운 처지의 회사에서 ‘경영능력’을 테스트해 보고 싶다는 강렬한 의욕이 솟았다.

코오롱을 사직하고 며칠 후, D회사 사장으로 첫 출근을 했다. 그런데 이게 웬 날벼락인가. 상황을 알아보니 당장 내일 부도가 날 판이었다. 어려울 것이라고 예상은 했지만 그 정도까지일 줄은 꿈에도 몰랐다. 업무 파악은 미뤄 두고 부도부터 막아야 했다. 출근 이틀 후부터 돌아오는 어음을 막느라 정신이 없었다. 하루가 멀다 하고 적게는 수천만 원에서 크게는 수억 원의 어음이 돌아왔다. 이미 자금을 끌어올 수 있는 곳에서는 다 끌어다 쓴 상황이라 R 회장은 여력이 전혀 없었다. 이제 내가 나서야 했다.

친구 중에 돈은 꽤 있지만 지독한 짠돌이인 B가 있었다. 예전에는 어음에 수입인지를 붙이도록 했는데, 만약 인지가 붙어 있지 않은 어음이면 수백, 수천만 원짜리 어음을 할인하면서도 반드시 몇 푼 안 되는 인지 값까지 떼고 지불할 정도의 그런 사람이었다. 나는 그 친구에게 부탁을 했다.

"내가 지금 당장 5천만 원이 필요해서 그런데 좀 빌려 줄 수 있겠어?"

돈 거래에 있어서는 지독하기로 소문이 자자하던 친구가 당장 5천만 원짜리 수표를 들고 찾아왔다. 그러고는 차용증도 받지 않고 돌아갔다. 이후 급할 때마다 친구에게 도움을 받았다. 그러다 보니 어느새 빌려다 쓴 돈이 5억 원이 넘었다. 그래도 상황은 나아지지 않았다. 그야말로 '밑 빠진 독에 물 붓기'였다.

경영수업이라고 하기에는 너무도 혹독한 상황이 계속된 것이다. 어느 순간 겁이 덜컥 났다. 자칫 실수하면 회사 빚을 온통 내가 덮어쓸 수도 있었다. 사장이기는 했지만 당시 5억여 원의 개인 채무는 엄청난 부담이었고 그 빚을 정리하느라 무척이나 힘들었다. 그 후로는 친구에게서 돈을 빌려 쓰지 않고 제도 금융권을 활용하는 길을 찾아보기로 했다.

나를 믿어 주시오

그렇게 동분서주하던 어느 날이었다. 9천여 만 원짜리 어음이 돌아오는 날이었는데 회사에 돈이라고는 한 푼도 없었다. 대번 그 친구가 생각났지만 차마 말을 꺼낼 수가 없었다.

"회장님, 어떻게 하면 좋겠습니까?"

R 회장에게 어떤 복안이 있지 않을까 싶어 물었다.

"이제 더 이상 어쩔 수 없지 않겠소. 부도냅시다."

무척 화가 났다. 사채나 다름없는 돈을 몇 억씩이나 끌어다 쓰고 아직 상환도 못했는데, 어떻게 그리 쉽게 부도내자는 말을 할 수 있을까 싶었다. 너무도 무책임한 태도였다. 상황이 너무 급박하다 보니 그분도 올바른 판단력을 상실한 듯했다. 난 꼭 무엇에 홀린 듯한 기분이었다. 나는 치미는 화를 억누르며 말했다.

"이대로 가만히 있을 수는 없습니다. 일단 주거래 은행하고 이야기를 해서 길을 찾아보는 게 어떻겠습니까?"

그 회사에 간 것을 후회해도 소용없는 일이고 그 상황에서 최선을 다하는 수밖에 없었다.

"글쎄요. 이미 갖다 쓸 만큼 썼고, 더 이상 담보도 없어서 안 될 겁니다."

"아니, 왜 부딪혀 보지도 않고 안 된다고만 하십니까?"

"나는 도저히 자신이 없습니다."

당시 주거래 은행은 중소기업은행 대전지점이었다. 서울 사무실에서 일하던 나는 그날 아침 9시에 대전으로 내려가 K지점장을 만났다.

"저는 D회사의 대표이사입니다. 지금 사정이 좀 어려워 그러니 3억 원만 대출해 주십시오."

"허, 참. 무슨 말도 안 되는 소리를 하십니까?"

그때는 대출이 아주 힘든 시기였다. 나는 인간적으로 부딪쳐야 한다고 생각했다. 사정을 이야기하고 거듭 대출을 부탁했다.

"지점장님, 저는 얼마 전까지 코오롱 패션사업부의 본부장으로 있었습니다. 그런데 어떡하든 이 회사를 살려 보겠다고 그 좋은 직장도 마다하고 부임해 보니 상황이 너무 어렵습니다. 부도부터 막아야 회사를 살릴 수 있지 않겠습니까. 나는 이 분야에 경험도 많고 안전한 거래처들도 많이 알고 있습니다. 그러니 날 믿고 3억 원만 대출해 주십시오. 부탁합니다."

방법이 없다는 얘기만 되풀이하는 지점장과 차장을 붙들고 나는 점심도 거른 채 어음교환 마감시간인 오후 5시가 다될 때까지 끊임없이 피가 마르도록 설득했다.

"좋습니다. 우선 부도를 막아야 하니 제 권한으로 급한 대로 오늘 교환 자금 9천만 원을 대출해 드리겠습니다. 단, 지급 보증서를 일주일 안에 떼어다 주십시오."

나는 약속을 한 후에 서울로 올라왔다. 그리고 대출받은 돈으로 그날 어음을 막았다. 그야말로 피가 바짝바짝 마르는 시간이었다. 그리고 어렵게 어렵게 신용보증기금의 보증서를 10일 만에 제출할 수 있었다. 코오롱에 다닐 때는 전혀 경험하지 못한 시련이었다. 전에 모시던 사장님이 어음을 막아 보지 않은 사장은 사장이 아니다, 라고 했던 말씀을 실감했다. 가까스로 한숨을 돌리기는 했지만 이후에도 자금 문제가 계속되어 걱정 없이 지낸 날이 단 하루도 없을 정도였다.

정직과 신뢰를 평생의 신념으로

완전히 원활하지는 않더라도 어느 정도 한숨을 돌리게 되자, 본격적으로 회사를 살릴 수 있는 영업을 하기 시작했다. 여느 제조회사처럼 D회사의 제품도 품질에 따라 등급이 ABC로 나누어져 있었고 판매 단가도 달랐다. 나는 코오롱 원단사업부장 시절부터 원단 가게가 즐비한 동대문 시장 상인들을 많이 알고 지냈다. D사는 주로 면벨로아와 면벨벳 원단을 생산했는데 그간의 인맥을 바탕으로 여기저기 새로운 거래처를 터 나가기 시작했다. 나의 신용을 바탕으로 거래를 시작한 것이다. 선수금도 상당액 받을 수 있었다.

그로부터 몇 달이 지난 뒤였다. 거래처 사장에게서 연락이 왔다.

"사장님, A급으로 계약을 했는데 왜 B, C급이 섞여 들어오는 겁니까?"

전혀 모르는 일이었다.

"설마요, 그럴 리가 없습니다. 제가 확인해 보겠습니다."

"일단 우리 가게에 와서 직접 한번 보시죠."

나는 즉시 달려갔다. 가서 보니 A급 물건만 들어 있어야 할 박스에 C급이 섞여 있었다.

"직원들이 뭔가 실수를 한 모양입니다."

기가 막혔지만 궁색한 변명 말고는 달리 할 말이 없었다. 그날 오후, 대전공장으로 내려가 직원들과 공장장에게 물건을 정확하게 분류해서 납품하도록 신신당부했다.

"다시는 이런 일이 일어나지 않도록 하십시오. 만약에 또 이런 일이 생기면 반드시 문책하겠습니다."

공장직원들에게 단단히 다짐을 받고 올라왔다. 그런데 몇 달 뒤 다시 다른 거래처에서 똑같은 항의가 들어왔다. 나는 다시 대전으로 내려갔다.

"아니, 내가 분명히 얘기했는데 왜 또 이런 일이 생기는 겁니까? 도대체 출고 관리를 어떻게 하는 겁니까?"

그때 공장장이 다가와 진실을 말해 주었다.

"실은 그게 아니고요. 회장님께서 납품할 때 B, C급을 적당히 섞어 보내라고 지시하셨습니다."

너무 놀라 할 말을 잃었다. 나는 당장 서울로 올라와 R 회장을 찾았다.

"나는 오로지 신용 하나로 살아온 사람입니다. 일을 왜 이렇게 하십니까? 이러면 회사의 신용도 땅에 떨어지고 클레임 걸리면 배상도 해 줘야 하니 회사는 회생할 길이 없습니다. 이러시면 함께 일 못합니다."

"내 다시는 안 그러겠소."

그 자리에서 R 회장은 굳게 약속을 했다. 하지만 얼마 지나지 않아 같은 일이 또 발생하고 말았다. 몇 달 사이 벌써 세 번째였다.

"회장님, 저는 더 이상 얼굴 팔아먹는 짓은 못하겠습니다."

세 번째 사건이 터진 후 나는 그 자리에서 회사를 그만두었다. 다시는 안 그러마 하고 만류했지만, 더 이상 R 회장을 믿을 수 없었다. 이미 지난 오랜 기간 내가 알아온 분이 아니었다. 인격적으로 별로 흠잡을 데도 없었고 신용도 있었지만 회사가 어려워지다 보니 판단력이 흐트러진 것 같았다.

D회사에서 1년 반 정도 근무하는 동안, 나는 두 가지 사실을 새롭게 확인했다. 진실한 마음으로 최선을 다하면 결국 통한다는 사실과 회사가 어려울수록 정직과 신뢰라는 원칙에 충실해야 한다는 것이었다. 어려운 상황에서도 대출을 받아 낼 수 있었던 것이 그러했고, 거래처와의 약속이 그러했다.

다행히 그 회사는 지금까지 그런대로 잘 유지되고 있다. 힘들었지만 최선을 다한 회사였기에 참으로 다행스럽고 감사하게 생각한다. 뒤늦게나마 원칙을 실천하고 있어서인지 다른 이유 때문인지는 모르지만, 인생살이와 마찬가지로 회사의 흥망성쇠 또한 신뢰와 정직에 달려 있다는 신념에는 변함이 없다.

2

첫 회사, 서울금영

D회사를 그만둔 뒤, 한동안 쉴까 생각했다. 너무 앞만 보고 쉼 없이 달려온 것 같았다. 새로운 시작을 모색해야 하는 시점이기도 했다. 그때가 40대 중반으로, 시쳇말로 '사오정' 신세였다. 하지만 일주일 정도 쉬고 나니 몸이 근질거려서 가만히 있을 수가 없었다.

그때부터 나는 그동안 쌓아 온 것을 바탕으로 새로운 삶을 설계하기 시작했다. 코오롱에서 일하면서 나는 실의 원료부터 실, 원단, 그리고 의류까지 이 분야의 모든 일을 해 볼 수 있었다. 청춘을 다 바쳐 열정적으로 열심히 살아 온 세월의 결과였다.

가장 잘할 수 있는 일이 주는 행복

나는 '서울금영'이라는 회사를 설립했다. 남들이 하지 않는 것을 하겠다는 각오로 시작한 일이었다. 흔하지 않은 소재, 한국에는 없는 소재여야 승산이 있다고 판단했다.

인공으로 실크에 가장 가까운 실을 만드는 것은 모든 섬유공학도들의 꿈일 것이다. 당시에 나는 일본의 모 회사에서 우유를 원료로 실크에 가까운 실을 개발했다는 정보를 입수하고 찾아갔다. 그런데 그들도 염색 등 해결해야 할 문제가 많았다. 나는 온종일 그 회사의 개발팀 기술자들과 많은 의견을 교환한 후, 란제리용 신소재 개발에 착수했다. 개발된 신소재는 S사의 고급 란제리용 원단으로 공급되었다.

이에 대한 소문이 돌면서 찾아오는 이들이 하나 둘 늘어나기 시작했다. 큰돈을 버는 일은 아니었지만, 가장 잘할 수 있는 일에 매달려 새롭고 창조적인 일을 한다는 자부심 때문에 행복했다.

그런데 이 무렵 한국전력에서 오랫동안 입어 온 유니폼을 교체하려 한다는 소식을 우연히 듣게 되었다. 당시 한국전력은 J모직 원단으로 유니폼을 만들었는데, 디자인을 변경하는 정도로는 경쟁업체들을 이길 수 없다고 판단했다. 그래서 우선 원단부터 새롭게 바꿔 봐야겠다고 생각했다. 그러려면 그들을 설득할 수 있는 원단의 설계와 개발이 필요했다. 위생적이면서도 내구성에 구김 방지 기능까지 겸비하면 좋을 것 같았다.

몇 달간의 노력 끝에 뒷면은 면(Cotton), 앞면은 폴리에스테르(Polyester)를 사용한 2중 원단을 개발했다. 뒷면의 면은 정전기 방지와 땀 흡수 기능을, 앞면의 폴리에스테르는 내구성과 구김 방지 기능을 갖도록 설계한 원단이었다. 여름용은 강연을 주어 통기성을 갖추게 했다. 나는 두 가지 샘플을 들고 무작정 한국전력을 찾아갔다. 한국전력은 직원수가 많으니 이 한 건만 성사되어도 비즈니스가 되겠다는 계산이었다.

나는 피복 담당자들과 노조간부 등을 앉혀 놓고 개발한 제품에 대해 설명했다.

"보시다시피 저희가 개발한 추동용 유니폼 원단은 한쪽은 면소재로 땀과 정전기를 흡수하고 다른 한쪽은 폴리에스테르 재질로 질기고 구김이 잘 가지 않으며 세탁해서 그대로 입을 수 있는 소재입니다. 여름용 또한 계절의 특성에 맞게 통풍이 잘되도록 강연을 주어 통기성을 개선했습니다. 직원들이 좀 더 쾌적한 느낌으로 일할 수 있도록 이 원단으로 바꿔야 한다고 생각합니다."

마침내 우리가 개발한 원단이 새로운 소재로 채택되었다. 한국전력에 유니폼 원단을 공급하는 것을 시작으로 '서울금영'의 매출은 꾸준히 증가했고, 여기저기서 원단 주문이 밀려들었다.

이에 만족하지 않고 나는 새로운 기능성 원단 개발에 더욱 힘을 쏟았다. 새로운 원단 개발이나 소재에 대한 정보가 있는 곳이면 어디든 곧바로 달려갔다. 또한 이 무렵 중국에 관심을 갖고 한중수교 전인 1988년부터 중국을 수시로 여행하면서 앞으로 도래할 중국 시대를 준비하기 시작했다.

중국에 눈을 뜨다

당시에는 인천에서 웨이하이로 또는 홍콩 등을 경유해 중국을 오가며 중국과의 비즈니스 기회를 찾고 있었는데, 이때 홍콩의 '덕신행(德信行 : Tecksoonhang, 중국 국영으로 홍콩에 설립된 회사)' 회사에서 일하는 리펑이라는 여자를 알게 되었다. 그녀는 당시 홍콩의 모 대학원에서 공부하고 있었는데 그녀에게서 중국 상품에 대한 아이디어를 많이 얻었다. 그런데 이때만 해도 중국 물건들은 그다지 품질이 좋지 않았

다. 리핑이 가져온 샘플을 직접 보고 주문하는데도 보내온 물건의 품
질이 샘플보다 현저하게 떨어지는 경우가 많았다. 지난날 D사가 등급
을 섞어 적당히 내보내던 그 수준이면 양반이었다.

참다못해 클레임을 걸어도 소용이 없었다. 이상하게도 그때 중국은
클레임 자체를 받아들이지 않고 있었다. 가격 경쟁력이 있어 면(綿)을
수입해 보기도 했는데 품질에서 계속 문제가 발생했다. 리핑이 많이
도와주었지만 결국 나는 중국과의 거래에서 적잖은 손해를 보았다. 그
러나 이런 손해는 일종의 '수업료'인 셈이었다. 막연하게나마 중국이
라는 나라를 조금씩 알게 되었던 것이다.

시행착오를 거듭하며 끊임없이 나만의 새로운 도전을 펼쳐 나갔다.
그동안의 경험이 초석이 되어 주었고, 새롭게 만나는 사람과 일들이
또다시 나의 힘이 되어 주었다. 결코 쉽지만은 않은 일이었지만, 길은
반드시 있으리라 믿으며 하루하루 성실하고 정직하게 최선을 다했다.
요즘도 그 시절을 떠올리며 후배들에게 가끔 이런 얘기를 들려준다.

"훗날 독립하려면 자신이 가장 잘할 수 있는 일을 열정을 가지고 하
라. 그래야 실패할 확률이 적다. 또한 성공하려면 반드시 모든 일을 폭
넓게 두루 경험해야 한다."

3

발본색원, 부정의 싹은 근본부터 자른다

(주)보끄레머천다이징 (주)올리브데올리브 대표이사. 현재 나의 공식 직함이다. 직원들이 많고 수시로 신입사원들을 채용하다 보니 지인들에게서 취업 청탁이 들어오는 경우가 꽤 있다. 그러나 우리 회사에서는 실제로 그런 청탁을 들어주는 사례가 많지 않다. 직원들도 모두 알고 있는 이야기지만, 나는 주주의 가족은 우리 회사에 받아들이지 않는 것을 원칙으로 하고 있다.

이는 오랜 직장생활 경험에서 비롯된 원칙이다. 물론 다 그렇지는 않지만 인맥을 통해 들어온 사람들은 대개 조직 내에서 크고 작은 문제를 일으키는 경우가 많다. 또 이런저런 청탁으로 입사했다면 공채사원보다 더 열심히 일을 해야 하는데도 실상은 그렇지 못한 경우를 더 많이 보았다. 이럴 경우, 사원들 간에 반목이 쌓인다.

회장과 8촌이라서?

코오롱에서 부장으로 일할 때였다. K상무가 본부장으로 계셨는데, 어느 날 본부장실에 들어갔더니 편지 한 장을 들고 한숨을 쉬고 계셨다.

"무슨 골치 아픈 일이라도 있으십니까?"

그는 아무 말 없이 나에게 편지를 건네주었다. 읽어 보니 별 일도 아니었다. 회장의 8촌 동생 되는 L이라는 친구가 대구 공장에서 근무하고 있었는데 그가 회장께 서울에서 근무하게 해 달라고 편지를 보냈고, 회장께서 그 편지를 검토해 보라고 K상무에게 주신 모양이었다.

"뭐 별 것도 아닌데 그러십니까?"

"이 사람아, 아무도 이 친구를 받아 주려 하지 않을 것 아닌가? 그래서 그러네."

"그럼 제가 데리고 있겠습니다. 써 보지도 않고 싫다 좋다 할 거 뭐 있습니까? 대신 제 구실 못하고 말썽 부리면 즉시 내쫓겠습니다."

그래서 L은 숙녀복 그룹에 오게 되었고 자재창고에서 자재수불을 하게 되었다.

내가 본부장이 되고 난 어느 날, 무교동 본사에서 회의를 마치고 돌아와 보니 지하 자재창고에서 근무하는 그 친구가 책상을 들고 사무실로 올라와 있었다. 나는 당시 함께 일하던 K부장에게 물었다.

"저 친구가 왜 여기로 올라온 거지?"

K부장이 난처한 듯 말했다.

"자재창고 근무를 안 하겠다고 책상 들고 올라왔답니다."

"뭐라고? 그게 말이 돼? 그래서 지금 어쩌겠다는 건가?"

"발령 난 바 없으니 내려가라 해도 막무가내입니다. 회장과 8촌간이니 아무도 자기는 못 자른다고 저렇게 버티고 있어요."

정말 어이가 없었다.

"그놈 당장 이리 오라고 해."

L은 눈치를 살피며 내 앞에 와 섰다.

"너 이놈 정신이 있는 놈이야, 없는 놈이야? 뭐? 네 놈은 아무도 못 자른다고? 그럼 내가 한번 잘라 볼까? 못난 놈…. 여기가 자네 집 안방인 줄 알아? 퇴직금 받고 나가겠나, 아니면 그냥 쫓겨날 텐가? 조용히 사표 쓰면 퇴직금 줄 것이고, 아니면 파면 조치하고 퇴직금도 못 받게 할 건데 어떡하겠나?"

나는 그렇게 엄포를 놓았다. 그는 겁이 났는지 갑자기 무릎을 꿇었다.

"본부장님, 제가 잘못했습니다. 다시는 이런 일 없도록 하겠습니다."

"정말인가? 그래, 그럼 이번 한 번만 용서할 테니 빨리 책상 갖고 내려가도록 해."

그 후 그는 태도를 바꿔 열심히 일했다.

코오롱 재직 시절, 유사한 일이 서너 번 더 있었다. 설령 그렇게 들어온 사람이 일을 잘한다고 해도 문제가 전혀 없는 것은 아니었다. 다른 직원들이 이유 없이 불필요한 눈치를 보는 경우가 있기 때문이다. 혹시 무심코 내뱉은 불평이나 험담을 옮기지는 않을까 싶어서 그러는지 별로 가까워지려고도 하지 않는 것 같았다. 특별히 됨됨이가 뛰어나지 않는 한, 직원들과의 관계가 진솔해지기 어렵고 의사소통에도 장애가 생기는 것이다.

어느 청탁 입사 사원의 해고

1977년, 패션사업을 막 시작했을 때의 일이다. 부회장께서 적극 추천한 사원이 입사해서 부자재 구매를 담당한 적이 있었다. 다른 일도 그렇지만 옷을 한 벌 만드는 데도 단추, 지퍼 등 잡다한 부자재가 많이 들어간다. 그때는 초창기라 매장이 몇 개 안 돼서 부자재를 아주 소량씩 구입하고 있었다. 그때마다 시장에 가서 현금으로 구입하도록 했는데 그 업무를 그가 하게 되었던 것이다.

그러던 어느 날 한 낯선 사람이 사무실을 찾아와 사람들을 힐끔힐끔 쳐다보고 있었다. 처음에는 어디 영업사원인가 싶었는데, 무언가 좀 이상했다. 경험이 많으면 직관이라는 게 생겨나는 법이다. 그래서 가까이 다가가 물었다.

"어떻게 오셨습니까?"

"아, 아닙니다. 그냥 잠깐…"

그 사람은 적잖이 당황하는 듯했다. 나는 끈질기게 캐물었다. 그제야 그는 마지못한 듯 입을 열었다.

"실은 여기 직원 중 한 분이 저희 부자재를 구입해 주고 있습니다. 그런데 어느 날 급히 돈이 필요하다면서 며칠 내로 갚겠노라며 대금 영수증은 받아 가고 30만 원을 빌려 갔는데, 몇 달이 지나도 소식이 없어요. 우리 가게에도 오지 않고…. 마침 이 근처에 볼일도 있고 해서 왔던 길에 그 직원을 찾고 있었던 겁니다."

부끄러워 차마 얼굴을 들 수 없었다. 정직과 신용을 강조하던 나였다. 정중히 사과한 후, 당장 그 돈을 지불하도록 조치하고 해당 직원은 바로 해고했다.

누군가의 추천으로 회사에 들어왔다면, 추천한 사람의 얼굴을 봐서라도 더 성실해야 한다. 회사에 기여하는 바가 부족하더라도, 이미지에 먹칠하는 일은 없어야 한다. 동료들이 열심히 쌓아 가고 있는 벽돌을 한쪽에서 무너뜨리는 일을 해서야 되겠는가? 추천했던 부회장께는 해고 후 그 사실을 알렸다.

부정의 싹은 근본부터

부장이 일일이 몇 만 원씩 구입하는 단추, 지퍼까지 체크하고 관리하는 것도 불가능하고, 그렇다고 그냥 방치하면 더 큰 문제의 소지가 있겠다 싶어 직접 해결책을 찾아보기로 했다. 우선 청계천 일대 부자재 상가를 찾았다. 당시 청계천 4가 바다극장 부근이었다. 그 일대에는 원단이나 의류부자재 등을 파는 가게들이 많았다. 원단사업부에 근무할 때부터 알고 지내던 가게 주인들을 찾아가 물었다.

"단추 같은 부자재는 어디가 제일 품질이 좋고 믿을 만합니까?"

상인들이 소개해 준 곳은 '천일BB'라는 단추 전문집이었다. 김관휘라는 분이 경영하는 회사였다. 키가 작고 야무지게 생긴 사람이었다.

"저는 코오롱 숙녀복 그룹 부장입니다. 저는 단추 값이 얼마인지도 잘 모릅니다. 다만, 주변 분들께 물어보니까 여기가 제일 믿을 만한 곳이라고 하여 찾아왔습니다."

김 사장은 느닷없는 방문에 의아한 표정을 지었다.

"다름이 아니라 앞으로 우리가 필요로 하는 모든 단추를 사장님께서 도맡아 납품해 주셨으면 합니다. 대신 저와 몇 가지 약속을 해 주셔야 합니다."

"어떤 약속입니까?"

"딱 두 가지입니다. 첫째, 앞으로 사장님 회사와 거래하게 될 저희 젊은 직원들을 어떤 형태로든 오염시켜서는 절대 안 됩니다. 차 한 잔 정도야 괜찮겠지만 금전이나 접대 등 향응은 절대 용납 못합니다. 둘째, 물건 값에 바가지를 씌우지 마십시오. 후에 내가 부자재 가격을 정확히 알게 되었을 때 혹시라도 속았다는 생각이 들면 그날로 거래를 끊겠습니다. 이 두 가지만 약속해 주시면 앞으로 코오롱에서 필요한 단추는 모두 여기서 갖다 쓰겠습니다. 어떻습니까?"

납품가를 깎아 달라는 것도 아니고, 접대를 잘 해 달라고 부탁하는 것도 아니니, 그로서는 반가운 제안이었을 것이다. 그는 흔쾌히 대답했다.

"약속하겠습니다."

나는 짐 하나를 훌훌 털어 버린 기분이었다. 이후부터 모든 단추는 천일BB에서 공급받았다.

그렇게 4년쯤 지난 어느 날, 전표 결재를 하다가 나는 깜짝 놀랐다. 단추 값만 무려 8천만 원이 넘게 나가고 있었다. 단추라는 게 한 개에 몇 십 원, 비싸 봐야 몇 백 원 하는 물건이다. 8천만 원이면 엄청난 금액이었다. 물론 단추 값이 잘못 계산된 것은 아니었고, 그만큼 우리 장사가 잘 되었다는 얘기였다.

한 번의 실수, 단 한 번의 용서

패션사업부가 매년 눈에 띄게 매출신장을 기록하며 순항을 계속하던 어느 해 초 시무식 날. 시무식을 마치고 막 사무실에 들어와 앉았는데 현재 K대학교 학장을 하고 있는, 당시 L실장이 머리를 긁적이며 얼굴이 벌게져서 내게 다가왔다.

"저, 본부장님께 야단맞을 일이 생겼습니다."

"무슨 일인데요?"

"지난 연말 천일BB의 김 사장 누님이라는 분이 저에게 50만 원을 주고 갔습니다."

"그걸 왜 받았어요?"

"그게 저…, 제가 사는 곳이 아파트인데 현관문 앞에서 받아라, 못 받는다 실랑이를 하다가, 옆집 사람들이 문을 열고 내다보고 해서…, 그래서 창피해서 어쩔 수 없이 받았습니다."

"그래, 어쩔 셈인데요?"

"당연히 돌려주려고요."

그는 50만 원이 든 봉투를 내게 내밀었다. 나는 그 자리에서 김 사장에게 전화를 걸어 회사로 불러들였다.

"기억하시죠? 4년 전 이런 일 없도록 한다고 약속하지 않으셨습니까?"

김 사장은 얼굴이 벌겋게 달아올랐다.

"맞습니다."

"약속을 어기셨으니 거래를 중단하겠습니다. 직원에게 이만한 돈을 줄 수 있을 만큼, 우리 회사에서 불필요한 돈이 지불되었다고 생각하겠습니다. 그러니 우리가 앞으로 지불할 대금에서 지금까지 거래액의 10퍼센트를 삭감하고 지불하겠습니다. 그런 뒤, 거래를 중단합시다."

김 사장은 그 추운 날, 땀을 비 오듯 흘렸다.

"본부장님, 양심을 걸고 말씀드리는데 저는 약속을 지키기 위해 코오롱에는 다른 곳보다 10퍼센트 이상 싼 가격으로 납품했습니다."

"제가 김 사장님 말씀을 어떻게 믿습니까? 그렇게 당부했는데도 이런 일을 하시고…."

"너무 결재가 깨끗하고 고마워서 디자인실 회식이나 하라고 그랬던 겁니다."

쩔쩔매던 그는 자기 가게로 전화를 걸었다. 잠시 후 가게 여직원이 과거 우리 회사에 납품했던 전표를 가득 넣은 큰 가방 하나를 들고 들어왔다. 김 사장은 다른 회사와 코오롱에 납품했던 전표를 일일이 대조해 가며 보여 주었다. 확인해 보니 그의 말대로 10에서 15퍼센트가량 싸게 물건을 납품한 것은 사실이었다.

"본부장님, 딱 한 번 그런 것이니 이번만큼은 용서해 주십시오. 다시는 이런 일 없도록 하겠습니다."

한 번 실수는 병가지상사(兵家之常事)라고 했다. 다시 한 번 첫 약속을 지키겠다는 다짐을 받고 계속 거래를 했다. 당초 약속대로 그와 거래를 중단하고 새로운 업자를 찾을 수도 있었지만 이 일을 계기로 서로 간의 신뢰가 한결 두터워진 터라, 이제 누구보다 코오롱의 건강한 파트너가 되리라는 확신이 들었다. 물론 돈 50만 원은 돌려주었다.

대기업과 거래하는 협력업체들의 경우, 거래 중단은 커다란 타격이다. 그러다 보니 거래를 지속하기 위해 구매 담당자들에게 이런저런 접대를 하거나 뇌물을 쓰게 된다. 그러나 어떤 형태든 모든 접대와 향응은 공짜가 아니다. 접대비 등에 쓰인 비용을 만회하기 위해 필연적으로 납품가격을 올리거나 품질을 떨어뜨리게 된다.

의류업계뿐만 아니라, 모든 거래에 있어 이런 관행은 늘 있게 마련이다. 이른바 하청업체라 불리는 협력업체들의 향응과 접대, 로비는 제품의 품질 저하와 납품가 인상으로 귀결된다. 결과적으로 이런 악순환은 스스로의 삶을 부정(不正)으로 오염시키고, 회사에 손해를 끼치게 된다.

지금도 이런 면에서 깨끗하지 못한 직원은 가차 없이 해고하고 있다. 도둑이 되려거든 팔자를 고칠 만큼 큰 도둑이 되든가…, 좀도둑이 되어서야 되겠는가?

4

독불장군은 없다

사회란 여러 사람과 집단, 조직이 함께 어울려 돌아가게 마련이다. 회사도 마찬가지다. 한 회사가 성장하고 발전하기 위해서는 여러 업체들의 지원과 도움이 뒤따라야 한다. 코오롱에서 원사 판매를 담당하던 시절, 협력업체와의 신뢰가 중요하다는 사실을 깨닫게 해 준 일화가 있다.

왜 비싼 우리 실을 쓰시죠?

대구에 SS섬유라는 회사가 있었는데, 아버지뻘 되시는 분이 사장이셨다. 코오롱의 원사가 다른 곳보다 5퍼센트 정도 비쌀 때였는데, SS섬유는 당시 거의 코오롱 원사만을 사용했다. 오랫동안 거래하면서 늘 그 이유가 궁금했다. 그러던 어느 날 결재를 받으러 갔다가 사장님과 차를 마시게 되어 그 이유를 물었다.

"사장님, 궁금해서 여쭤 보는데요, 저희 실이 다른 데보다 5퍼센트 정도 더 비싼 것은 알고 계시죠?"

나는 실을 팔 때 우리 실이 좀 더 비싸다는 것도 미리 알려 드렸었다.

"알다마다…."

"그런데 왜 더 비싼 우리 실만 쓰시는 거죠?"

"코오롱 실이 비싸긴 비싸지. 하지만 그 실은 사실 싼 거야."

무슨 뚱딴지 같은 말씀이신가 싶었다.

"다른 곳 실도 안 써 본 게 아니야. 그런데 다른 곳 실을 써 보니 납품일이 잘 지켜지지 않을 때가 많았어. 그러면 공장 가동이 중단될 때가 있다는 것은 자네도 잘 알잖아."

원사 납품이 늦어져 공장 가동을 멈추게 되면, 공장으로서는 큰 손해가 나는 일이었다.

"그런데 코오롱에 발주하면 아주 철저하게 날짜를 지켜 주잖아. 그러니까 기계가 설 일도 없고…. 결국 따져 보면 코오롱 실이 더 싼 거야."

일리가 있는 말씀이었다. 그러나 그런 이유 때문만은 아니었다. 내가 공장의 작업 상황과 원사 재고 여부를 늘 체크하는 등 단순한 판매 차원을 넘어 마치 내 회사처럼 애정을 쏟은 것도 한몫했을 것이다. 꼭 SS섬유뿐 아니라 당시 거래하던 모든 협력업체에도 똑같은 애정과 관심으로 대했다.

SS섬유 사장님은 실제로 나를 원사 판매 담당자 이상으로 대해 주셨다. 아들 대하듯 이런저런 삶의 조언도 아끼지 않으셨고, 결재도 언제나 명쾌했다.

　최종소비자가 아닌 제조업체들은 대부분 양면성을 갖는다. 구매자인 동시에 판매자인 것이다. 코오롱의 경우, 원료를 사들일 때는 구매자고 실을 만들어 팔 때는 판매자다. SS섬유의 경우 나에게 원사를 살 때는 구매자이지만, 원단을 구입하려는 쪽에서는 판매자가 된다.

　일을 맡기거나 물건을 구입할 때는 아랫사람 부리듯 고자세를 취하고, 물건을 판매할 때는 한없이 저자세를 보이는 경우를 종종 발견한다. 흔히 말하는 갑과 을의 관계처럼 말이다. 그러나 과연 그것이 옳은 자세인가? 강자 앞에서는 한없이 약하고 약자 앞에서는 강자로 군림하려는 태도, 한 번쯤 생각해 봐야 하지 않겠는가? 상호 기본적인 예의와 신뢰를 바탕으로 한 관계가 건강하지 않을까.

협력업체는 우리의 힘

　보끄레는 원단업체, 원사업체, 부자재업체 등 수많은 협력업체들과 유기적이고 상호 발전적인 관계를 유지하고자 노력하고 있다. 수시로 협력업체들에 어떤 어려움이 있는지 확인하고 도움을 줄 수 있는 부분이 있는지 검토한다. 물론 모두 해결해 줄 수는 없지만 어려움을 덜어 주고자 하는 기본적인 의지를 갖고 있다. 직원들에게도 적극적인 협조와 노력을 당부한다.

　본의 아니게 사정이 안 좋아지거나, 또는 계획에 차질이 생기거나 지연될 때 일거리가 없을 수 있다. 그럴 때면 협력업체는 보름이든 한 달이든 일을 쉬어야 한다. 나는 늘 직원들에게 철저하게 계획을 세워 그런 일이 최소화되도록 노력해 달라고 말한다. 함께 성장해야 한다는 뜻도 있지만, 그들의 부실이 곧 우리의 부담으로 이어질 수 있기 때문이다.

협력업체들은 결국 우리의 보호막이고 우리의 힘이다. 서로 '윈-윈'하는 상생의 정신으로 함께 발전할 수 있기를 바란다. 나만 성공하면 된다는 식의 관계는 오래가지 못한다. 그렇게 이룬 성공도 마찬가지다. 나는 지금도 코오롱 시절 인연을 맺은 협력업체 분들과 연락하며 관계를 유지하고 있다.

5

권한을 두려워하라

업무규정 등을 보면 어떤 사항은 과장, 어떤 사항은 부장 또는 임원 전결 등 이런저런 권한과 책임에 대한 조항이 있다. 그러나 이런 규정은 실질적으로 별 의미가 없다. 담당자이면서도 사장의 권한을 행사하는 사람이 있는가 하면, 임원이면서도 담당자 역할밖에 하지 못하는 사람도 있기 때문이다.

직장상사는 누구나 부하직원에 대해 나름의 기대치를 갖는다. 그런데 기대치 이상으로 일을 잘하면 그에 대한 신뢰가 두터워지고, 더 중요한 일을 맡기게 된다. 그 일들도 역시 잘 해냈을 때, 상사는 웬만한 일은 스스로 알아서 처리하라고 권한을 주게 된다. 그러면 직위는 낮더라도 해당 업무영역에서는 사장과 다를 바가 없다.

대기업 임원이라면 더 큰 책임이 따르는 비중 있는 일을 맡게 된다.

그러나 일을 해 가는 과정이나 그 결과가 기대치에 미치지 못할 경우, 일을 맡긴 사장은 불안하게 마련이다. 그리고 이런 일이 계속되면 임원이라도 자꾸 간섭을 하게 되고, 결국 임원 스스로도 불안한 마음이 들어 윗사람의 눈치를 살피며 소신껏 일할 수 없게 된다. 임원이지만 말단직원과 다름없는 것이다.

그러니 조직사회에서 직급에 맞는 권한이 주어지지 않는다고 해서 다른 사람을 탓할 필요가 없다. 스스로 내 밥그릇을 제대로 간수하지 못한 탓이기 때문이다.

권한은 신뢰를 초석으로

1973년 코오롱 과장 시절, 조직개편으로 나는 코오롱 상사의 직물사업부와 편물사업부 두 부서의 영업과장으로 겸직 발령이 났다. 그런데 자리에 앉고 보니 도저히 일을 할 수 없는 상황이었다. 경리 장부와 현업 장부, 실물 장부가 모두 맞지 않았다. 이 상태로는 도저히 일을 할 수가 없었다. 그래서 관리 상무와 영업 상무에게 지금 상태로는 일을 못하겠다고 말씀 드렸다.

"아니, 왜 못한다는 건가?"

"장부에 기록된 수치가 다 다릅니다. 일단 장부들을 맞춰 놓아야 책임지고 일할 수 있지 않겠습니까? 어떻게든 장부부터 맞춰 놓아야 하니, 그 전권을 저에게 주십시오."

두 분도 뒤늦게 실상을 알고 얼굴색이 변했다. 나중에라도 큰일이 생길 수 있었다.

"그래, 그럼 그렇게 해."

결국 경리와 관리 업무에 밝은 두 명의 직원을 지원받아, 엉망인 장부를 맞추는 일에 전념했다. 그 일을 끝내는 데는 무려 4개월이나 걸렸다. 그런데 정리하다 보니 미수금이 남아 있는 경우가 많이 발견됐다. 관리가 엉망이다 보니 받을 돈이 있는지조차 모르고 있었던 것이다. 출고전표 등 증표를 찾아 들고 거래처를 직접 찾아다니며 확인 요청을 했다.

"장부를 정리하다 보니 이만큼 안 주신 게 있습니다."

나는 전표를 일일이 확인시켜 주었다.

"그럼, 우리도 찾아보겠습니다."

그렇게 미수금이 있는 거래처를 하나하나 찾아다니며 밀린 대금을 받아 냈다. 그때 그분들에게 고맙게 생각한다. 그때 만약 너무 오래됐다, 모르는 일이다 하며 잡아뗐다면 돈을 받아 내기도 쉽지 않았을 것이고, 후에 협력관계를 유지하는 데에도 문제가 생길 수 있었을 텐데 비교적 쉽게 수긍하고 협조해 주었다. 물론 모든 일이 순조롭지만은 않았다. 가슴 졸이며 진땀을 흘린 적도 있었다.

과장으로서 나의 업무는 원단 판매였다. 코오롱에서는 원사를 사다가 가공 생산한 다양한 원단을 팔고 있었다. 원단은 여러 단계의 공정을 거쳐 생산되기 때문에, 원사가 100이 들어왔으면 가공과정에서 자연스럽게 로스(loss: 손실분)가 발생한다. 총 4~5단계의 공정을 거쳐 원단이 생산되는데, 각 단계마다 로스가 생긴다. 그 손실분까지 일일이 공장에 확인을 해서 장부를 작성해야 하는데, 말이 쉽지 실제로 해묵은 장부를 정리하는 일은 간단한 일이 아니었다.

나는 그렇게 미수금을 받아 내고 장부까지 새로 만들다시피 해서 4개월 후 관리 상무에게 모든 정리가 끝났다고 보고했다.

"장부 가져와 봐."

상무님은 제일 골치 아픈 부분들만 짚어가며 확인하기 시작했다.

"실 얼마 들어왔어? 다음 공정 어디였어? 로스는 얼마가 발생했지?"

꼬치꼬치 묻고 공정별 로스까지 체크하며 확인 작업을 거쳤다. 나는 비지땀을 흘렸다. 만약 하나라도 잘못된 게 나오면 몇 달 동안 고생한 게 물거품이 되겠구나 싶었다. 상무님은 복잡한 사안 중 3건 정도를 검토했는데 3건 모두 정확하게 맞아 떨어졌다.

"이 과장, 수고했어."

내가 상무님이었어도 그런 확인 절차를 거쳤을 것이다. 그리고 결과가 정확하다면 담당 직원을 깊이 신뢰했을 것이다. 그 후 상무님은 영업관리 부분에 대해서는 일체 간섭이 없었다. 이런 과정을 거치면서 내 권한은 점차 확대되어 갔다.

권한은 최선의 노력을 담보로 주어진다

코오롱에서 패션사업을 시작할 때 나는 당돌하게도 사장님께 내 부서의 인사권을 포함한 모든 권한을 위임해 줄 것을 요청했다. 윗분들도 패션 분야에 대한 경험이 전혀 없었기 때문에 잘 알지 못하면서 이런저런 간섭을 하게 되면 일만 더뎌질 것이기 때문이었다.

"제 사표는 항상 사장님 서랍 속에 있습니다. 제가 계획을 말씀드리고 그것에 동의하시면 그 후에는 결산서만으로 저를 평가해 주십시오. 제대로 못 해서 못 믿겠다 싶으시면 언제라도 서랍 속 사표를 수리하시면 됩니다."

나는 비장한 각오로 전권 위임을 요구했다. 물론 전권을 위임받은 후에는 엄청난 스트레스와 고민을 경험해야 했다. 자다가도 깜짝 놀라

깨고 잠을 설치다 못해 일주일이고 열흘이고 불면증으로 고생한 적이 한두 번이 아니었다. 몸도 북어처럼 말랐다. 그러나 나는 내 말에 책임을 져야 했다.

말 그대로 일에 미쳐 살다 보니 3년이 훌쩍 지나 버렸고 그동안 사장님과의 약속도 큰 차질 없이 지켜졌다. 숙녀복 그룹도 흑자로 전환됐고, 본부장도 되었다. 어느 날 나는 사장님을 찾아뵈었다.

"사장님, 사장님께 말씀드린 최소한의 약속은 지킨 것 같습니다. 이제 다른 일을 해 볼 수 있도록 허락해 주십시오."

"그래, 무슨 일을 해 보고 싶은데?"

"인사 담당 일을 해 보고 싶습니다만…."

윗분들의 결정 사항을 받아 정리해 발령만 내는 대서방 같은 그런 인사가 아니라, 정말 그룹 차원에서 객관적 자료를 근거로 적재적소에 인재를 배치하는 일을 해 보고 싶어서였다.

"남들은 한직이라며 싫다는데 자넨 이상하구먼."

그러나 나의 청은, 수익 부서로서 패션사업본부가 더 안정되어야 하고 또 중요하다는 이유로 거절되었다.

나는 패션사업을 도맡아 추진하던 그때, 내 뜻대로 의사 결정을 하고 책임지는 훈련을 했다. 여러모로 귀중한 경험이었다.

그런 이유로 나는 우리 회사 간부들에게 가능하면 직원들에게 직위에 맞는 권한을 주라고 말한다. 어지간한 사안은 간섭하지 못하게 한다. 작은 일이라도 스스로 결정을 해 본 직원과 위에서 시키는 대로만 하는 사람은 분명히 다르다. 권한이 주어지면, 그 회사는 결국 권한을 갖게 된 그 직원의 회사가 되는 것이다.

권한은 주는 것도 힘들지만 받는 것도 힘들다. 권한이 생겼다고 마냥 좋아할 일도 아니다. 마음대로 할 수 있어 좋다고만 생각한다면 권한에 대해 잘못 알고 있는 것이다. 권한을 두려워할 줄 아는 사람만이 권한을 누릴 자격이 있는 사람이다. 권한은 최선의 노력과 좋은 결과를 담보로 주어지기 때문이다.

6

성공과 실패는 1.6퍼센트 차이

어느 과학자가 발표한 게놈구조 분석 결과를 보면 인간과 침팬지의 차이는 불과 1.6퍼센트뿐이라고 한다. 다시 말해 인간과 침팬지가 98.4퍼센트 일치한다는 말이다. 이때의 1.6퍼센트는 얼마나 놀라운 수치인가? 이 미세한 차이로 한쪽은 인간이 되고 다른 한쪽은 침팬지가 된다니 말이다.

성공하는 사람과 실패하는 사람의 차이도 이렇듯 아주 작은 데 있다고 생각한다. 사소해 보이는 작은 차이가 성공과 실패를 결정짓는 단서가 된다. 성공하는 사람에게는 평범한 사람들과는 무언가 다른 점이 있는데, 그것은 드러나지 않는 사소한 행동이나 말투, 표정일 수도 있다. 보이지 않는 곳에서도 최선을 다하는 태도나 늘 정확한 목표를 갖고 행동하는 습관 등 그들에게는 그들만의 특별한 무엇이 있다.

아무리 어렵고 힘든 일이라 할지라도 열정적으로 최선을 다하는 자세야말로 성공하는 사람들의 특별한 습관이 아닐까.

역경 없는 성공은 없다

나 또한 코오롱 시절, 남이 싫어하고 꺼리는 일을 많이 도맡아 해 보았다. 힘든 일을 즐겁게 만드는 어떤 특별한 능력을 갖고 있어서가 아니었다. 남들이 하기 싫어하는 일은 나도 하기 싫고 힘든 일이었다. 하지만 회사 차원에서 필요한 일이라면 반드시 누군가가 해야 되는 것이고 그 일을 내가 해 보겠다는 생각 때문이었다.

아무리 어려운 일도 나는 흔쾌히 응했다. 때로는 자청하기도 했다. 누군가 해야 하고, 마땅히 할 사람이 없다면 나라도 해야 한다고 생각했다. 전혀 모르는 업무라면 그 분야와 관련된 책을 찾아 공부했고, 전문가와 다른 선배들의 조언을 들으며 부심했다. 그러다 보면 답이 나왔다.

대학에서 경영학을 조금 배웠을 뿐이고, 옷이라고는 단벌신사에 불과했던 내가 지금은 여성의류를 만들고, 한국은 물론 중국에서도 매장을 운영하고 있다. 스스로도 전혀 상상하지 못한 일이다. 코오롱에서 패션사업을 하기로 결정하고 누구에게 맡겨야 하나 고민하고 있을 때 겁 없이 덤벼들었고 열정을 갖고 노력해서 오늘까지 왔다.

이처럼 무엇이든 적극적으로 노력하면 반드시 해결이 되고 성공적으로 변화한다. 나는 그 사실을 경험을 통해 배웠다. 그리고 일을 할 때에는 즐거운 마음으로 임하면 훨씬 더 많은 것을 얻을 수 있다는 사실도 깨달았다. 하기 싫은 일을 억지로 하는 것과 이왕 하는 일 제대로 한번 해 보자는 마음가짐의 차이는 실로 엄청나다.

나는 역경이 닥치면 피하기보다는 정면 대응하는 쪽을 택했다. 일단 닥친 역경은 절대로 피할 수 없다. 누군가 대신 앓아 줄 수도 없다. 그렇다면 어떻게 그것을 헤쳐 나가야 할까. 온몸으로 역경을 껴안고 뒹굴기, 그것이 해결책이다. 그러다 보면 어느 순간 눈앞이 환해진다. 그때가 바로 역경을 이겨 낸 승리의 순간이다.

역경 없는 성공은 없다. 역경이란 성공적 삶을 위한 통과의례일 뿐이다. 역경 속에서 인간은 겸손을 깨닫고 지혜를 얻게 되며 인내를 배운다. 역경이야말로 인생의 스승이다. 역경을 기꺼이 받아들이고, 더 나아가 즐길 수 있다면 그 사람이 진정한 강자다.

5부

아름다운 리더를 기다리며

"장래에 CEO가 될 수 있도록 지금부터 준비하라. 준비된 자에게는 기회가 되는 대로 독립도 지원할 것이고 장차 이 회사의 CEO가 될 수 있도록 이끌어 주겠다." 보그래에는 현재 인턴과정을 통해 입사한 10여 명의 신입사원이 있다. 이들은 입사한 지 2년 정도 되었다. 인턴과정에서 적극성이나 협동성을 포함한 여러 요건을 테스트해 본 뒤 최종적으로 선발한 사람들이다. 이들은 나의 일대일 관리 아래서 장차 CEO가 될 수 있는 자질을 키워 가기 위한 프로그램을 수행하고 있다. 그렇다면 과연 어떤 사람이 CEO가 될 수 있는가. 앞으로는 CEO가 되려면 최소한 3개 국어 이상은 능숙하게 구사해야 한다. 지구촌 시대에 외국어는 선택이 아닌 필수다. 또 각자의 분야에서만 최고가 되어서는 안 된다. 법대를 나온 사람이 법에 관해서만, 경영학을 전공한 사람이 경영에 대해서만, 의류를 전공한 사람이 의류 쪽에만 정통해서는 통하지를 않는다. 그들은 단지 그 분야의 담당자로만 만족해야 할 것이다. 법을 전공한 사람도 경영을 알아야 하고 디자인을 알아야 한다. 즉 CEO는 모든 분야를 두루 깊이 있게 알고 있어야 한다. 지금 당장 알 필요 없다고 소홀히 하는 사람은 장차 리더가 될 자격이 없다. 물론 사람은 누구나 자기가 좋아하는 일이 있고 싫어하는 일이 있다. 사람인 이상 모든 분야의 일을 전문가만큼 알 수는 없다. 그러나 CEO가 되려면 적어도 리더에게 필요한 여러 덕목을 배우려는 태도를 갖추어야 하고 하기 싫은 일도 기꺼이 하려는 자세가 반드시 필요하다. 현재 기획 MD로 일하면서 CEO를 꿈꾸는 회사원이 있다고 하자. 직접 생산파트 일을 해 보고 싶은데 좀처럼 기회가 없다. 훗날 경영자가 되려면 생산파트 일도 알아 두는 게 도움이 되리라고 생각은 하고 있지만, 직접 현장에 뛰어들어 배우기는 힘들다. 그렇다고 두 손 놓고 기회가 오기를 기다리는 사람은 리더될 자격이 없다. 그런 사람에게는 기회도 찾아오지 않는다. 그럴 때는 생산파트에서 일하는 동료를 찾아가 궁금한 것을 물어보고 해당 분야의 책을 찾아 읽고, 틈날 때마다 현장을 찾아가 직접 눈으로 보고 익히는 수밖에 없다. 하늘은 스스로 돕는 자를 돕는다고 했다. 반드시 이루어 내고야 말겠다는 열정을 갖고 좇아다니다 보면, 어느 순간 생산현장에서 일하는 사람들과도 자연스럽게 업무 얘기를 할 정도로 지식을 갖추게 된 자신을 발견할 수 있을 것이다. 이렇듯 적극적으로 사고하고 행동하는 것은 지극히 당연한 것처럼 들릴 수 있다. 누구나 다 그렇게 하고 있지 않느냐고 반문할지도 모른다. 하지만 이러한 적극적인 태도는 스스로 자기 인생의 주인으로 살아가는 사람에게서만 찾을 수 있다. 내가 직접 10여 명의 신입사원을 관리하는 것도 이 때문이다. 나는 그들 하나하나를 훗날 우리 회사와 관련된 독립된 작은 분야의 CEO로 만들겠다는 각오로 이끌고 있다. 이를 위해 3년의 스케줄을 짜 두고 그에 맞는 공부를 시키고 있다. 우선 모국어를 제외한 3개 국어를 3년 안에 일정 수준까지 끌어올리고, 다른 전문지식도 3년 안에 배우도록 호되게 독려하고 있다. 기본적으로 외국어 한두 가지는 되는 사람을 뽑았으니 어렵지만 도전해 보자는 것이다. "앞으로 3년 동안 죽었다고 생각해라. 너희들의 남은 인생을 위해 3년이라는 시간 전력투구해 보자." 그들을 관리하려면 나도 힘들고 피곤하다. 하지만 그렇게 해서 3년, 천 일이라는 시간 동안 우리 회사의 직원들이 다른 어느 회사에서 일하는 것보다 더 많이 배우고 익힌다면, 회사의 리더로서 당연히 해야 할 몫이라고 생각한다. 현장에서 일과 공부를 병행하기란 결코 쉬운 일이 아니다. 만일 각자 알아서 하도록 내버려 두면 공부를 차일피일 미루게 될 것이고 그렇게 되면 발전은 크게 없을 것이다. 그래서인지 의외로 신입사원들의 반응이 좋았다. 학습 스케줄을 관리하는 사장과의 약속이니 몸이 아무리 피곤해도 공부를 해야 했다. 3년 뒤 설령 처음 뜻한 만큼 다 이루지 못한다 해도 이들은 회사에 진심으로 고마워할 것이다. 분명 놀랄 만큼 성장한 자기 자신을 보게 될 것이기 때문이다. 이 과정을 마치면 대부분 해외로 내보낼 계획이다. CEO 준비 과정의 하나로, 세상을 넓게 보도록 시야를 넓혀 줄 것이다. 지금도 중국은 물론 러시아, 미국, 베트남, 인도 등지에 우리 직원들을 연수 보내고 있다. 그들은 타지에서 넓은 세상을 체험하고 세계를 상대로 자신의 능력을 테스트하게 될 것이다. 나의 인재양성 프로그램은 급속히 변하고 있는 기업 환경에 대응하기 위한 대비책이기도 하다. 이미 다른 분야에서는 많은 회사들이 '소(小)사장 제도'를 도입하고 있다. 한 회사의 울타리 속에 여러 명의 사장을 두고 각자에게 권한을 위임하는 것이다. "이 일을 책임지고 맡아서 해 봐."라고 말했을 때, 망설임 없이 맡아서 해낼 수 있는 자질을 갖춘 사람이야말로 그 회사의 작은 CEO다. 준비가 되어 있지 않은 사람은 기회를 잡지 못한다. 준비된 사람만이 기회를 잡을 수 있고 그 기회를 통해 성장할 수 있다. 내 교육방식을 두고 직원들과 개별 면담을 해 보니, 그들은 하나같이 긍정적이었다. 다른 친구들은 회사 일 끝나면 영어학원이다 뭐다 제 돈 내고 공부하러 다니기 바쁜데, 회사 내에서 이런 공부를 할 수 있다고 하니 다들 부러워한다는 것이었다. 뭐 하러 그렇게까지 하느냐고 반문하는 사람도 있다. 공들여 봤자 사표 내고 떠나면 그만 아니냐는 것이다. 그러나 떠날까 두려워 인재를 양성하지 않는다면 그야말로 구더기 무서워 장 못 담그는 것과 무엇이 다르겠는가? 설령 회사를 떠난다 해도 우리 사회 어딘가에서 각자 재능을 마음껏 펼칠 수 있다면 뜻 있는 일 아니겠는가? 내가 키운 인재가 꼭 우리 회사에서만 일할 수는 없을 것이다. 나도 그랬다. 코오롱이란 회사가 오늘의 나를 키워 주지 않았던가? 해를 거듭할수록 국제적 비즈니스에 대한 마인드와 전문지식을 갖춘 인재가 필요하다. 이제 국가적 차원에서 인재를 양성해야 한다. 나는 패션유관단체 등에 이러한 인재양성 시스템을 도입하자고 제안하기도 했다.

1

누가 CEO가 되는가

"장래에 CEO가 될 수 있도록 지금부터 준비하라. 준비된 자에게는 기회가 되는 대로 독립도 지원할 것이고 장차 이 회사의 CEO가 될 수 있도록 이끌어 주겠다."

보끄레에는 현재 인턴과정을 통해 입사한 10여 명의 신입사원이 있다. 이들은 입사한 지 2년 정도 되었다. 인턴과정에서 적극성이나 협동성을 포함한 여러 요건을 테스트해 본 뒤 최종적으로 선발한 사람들이다. 이들은 나의 일대일 관리 아래서 장차 CEO가 될 수 있는 자질을 키워 가기 위한 프로그램을 수행하고 있다.

리더의 조건

그렇다면 과연 어떤 사람이 CEO가 될 수 있는가. 앞으로는 CEO가 되려면 최소한 3개 국어 이상은 능숙하게 구사해야 한다. 지구촌 시대에 외국어는 선택이 아닌 필수다. 또 각자의 분야에서만 최고가 되어서는 안 된다. 법대를 나온 사람이 법에 관해서만, 경영학을 전공한 사람이 경영에 대해서만, 의류를 전공한 사람이 의류 쪽에만 정통해서는 통하지를 않는다. 그들은 단지 그 분야의 담당자로만 만족해야 할 것이다. 법을 전공한 사람도 경영을 알아야 하고 디자인을 알아야 한다. 즉 CEO는 모든 분야를 두루 깊이 있게 알고 있어야 한다. 지금 당장 알 필요 없다고 소홀히 하는 사람은 장차 리더가 될 자격이 없다.

물론 사람은 누구나 자기가 좋아하는 일이 있고 싫어하는 일이 있다. 사람인 이상 모든 분야의 일을 전문가만큼 알 수는 없다. 그러나 CEO가 되려면 적어도 리더에게 필요한 여러 덕목을 배우려는 태도를 갖추어야 하고 하기 싫은 일도 기꺼이 하려는 자세가 반드시 필요하다.

현재 기획 MD로 일하면서 CEO를 꿈꾸는 회사원이 있다고 하자. 직접 생산파트 일을 해 보고 싶은데 좀처럼 기회가 없다. 훗날 경영자가 되려면 생산파트 일도 알아 두는 게 도움이 되리라고 생각은 하고 있지만, 직접 현장에 뛰어들어 배우기는 힘들다. 그렇다고 두 손 놓고 기회가 오기를 기다리는 사람은 리더될 자격이 없다. 그런 사람에게는 기회도 찾아오지 않는다. 그럴 때는 생산파트에서 일하는 동료를 찾아가 궁금한 것을 물어보고 해당 분야의 책을 찾아 읽고, 틈날 때마다 현장을 찾아가 직접 눈으로 보고 익히는 수밖에 없다. 하늘은 스스로 돕는 자를 돕는다고 했다.

반드시 이루어 내고야 말겠다는 열정을 갖고 쫓아다니다 보면, 어느 순간 생산현장에서 일하는 사람들과도 자연스럽게 업무 얘기를 할 정도로 지식을 갖추게 된 자신을 발견할 수 있을 것이다. 이렇듯 적극적으로 사고하고 행동하는 것은 지극히 당연한 것처럼 들릴 수 있다. 누구나 다 그렇게 하고 있지 않느냐고 반문할지도 모른다. 하지만 이러한 적극적인 태도는 스스로 자기 인생의 주인으로 살아가는 사람에게서만 찾을 수 있다.

기회는 준비된 사람의 것

내가 직접 10여 명의 신입사원을 관리하는 것도 이 때문이다. 나는 그들 하나하나를 훗날 우리 회사와 관련된 독립된 작은 분야의 CEO로 만들겠다는 각오로 이끌고 있다. 이를 위해 3년의 스케줄을 짜 두고 그에 맞는 공부를 시키고 있다. 우선 모국어를 제외한 3개 국어를 3년 안에 일정 수준까지 끌어올리고, 다른 전문지식도 3년 안에 배우도록 호되게 독려하고 있다. 기본적으로 외국어 한두 가지는 되는 사람을 뽑았으니 어렵지만 도전해 보자는 것이다.

"앞으로 3년 동안 죽었다고 생각해라. 너희들의 남은 인생을 위해 3년이라는 시간 전력투구해 보자."

그들을 관리하려면 나도 힘들고 피곤하다. 하지만 그렇게 해서 3년, 천 일이라는 시간 동안 우리 회사의 직원들이 다른 어느 회사에서 일하는 것보다 더 많이 배우고 익힌다면, 회사의 리더로서 당연히 해야 할 몫이라고 생각한다.

현장에서 일과 공부를 병행하기란 결코 쉬운 일이 아니다. 만일 각자 알아서 하도록 내버려 두면 공부를 차일피일 미루게 될 것이고 그렇게 되면 발전은 크게 없을 것이다.

그래서인지 의외로 신입사원들의 반응이 좋았다. 학습 스케줄을 관리하는 사장과의 약속이니 몸이 아무리 피곤해도 공부를 해야 했며. 3년 뒤 설령 처음 뜻한 만큼 다 이루지 못한다 해도 이들은 회사에 진심으로 고마워할 것이다. 분명 놀랄 만큼 성장한 자기 자신을 보게 될 것이기 때문이다.

이 과정을 마치면 대부분 해외로 내보낼 계획이다. CEO 준비 과정의 하나로, 세상을 넓게 보도록 시야를 넓혀 줄 것이다. 지금도 중국은 물론 러시아, 미국, 베트남, 인도 등지에 우리 직원들을 연수 보내고 있다. 그들은 타지에서 넓은 세상을 체험하고 세계를 상대로 자신의 능력을 테스트하게 될 것이다.

나의 인재양성 프로그램은 급속히 변하고 있는 기업 환경에 대응하기 위한 대비책이기도 하다. 이미 다른 분야에서는 많은 회사들이 '소(小)사장 제도'를 도입하고 있다. 한 회사의 울타리 속에 여러 명의 사장을 두고 각자에게 전권을 위임하는 것이다.

"이 일을 책임지고 맡아서 해 봐."라고 말했을 때, 망설임 없이 맡아서 해낼 수 있는 자질을 갖춘 사람이야말로 그 회사의 작은 CEO다. 준비가 되어 있지 않은 사람은 기회를 잡지 못한다. 준비된 사람만이 기회를 잡을 수 있고 그 기회를 통해 성장할 수 있다.

인재는 태어나는 것이 아니라 키워지는 것이다

내 교육방식을 두고 직원들과 개별 면담을 해 보니, 그들은 하나같이 긍정적이었다. 다른 친구들은 회사일 끝나면 영어학원이다 뭐다 제 돈 내고 공부하러 다니기 바쁜데, 회사 내에서 이런 공부를 할 수 있다고 하니 다들 부러워한다는 것이었다.

뭐 하러 그렇게까지 하느냐고 반문하는 사람도 있다. 공들여 봤자 사표 내고 떠나면 그만 아니냐는 것이다. 그러나 떠날까 두려워 인재를 양성하지 않는다면 그야말로 구더기 무서워 장 못 담그는 것과 무엇이 다르겠는가? 설령 회사를 떠난다 해도 우리 사회 어딘가에서 각자 재능을 마음껏 펼칠 수 있다면 뜻 있는 일 아니겠는가? 내가 키운 인재가 꼭 우리 회사에서만 일할 수는 없을 것이다. 나도 그랬다. 코오롱이란 회사가 오늘의 나를 키워 주지 않았던가?

해를 거듭할수록 국제적 비즈니스에 대한 마인드와 전문지식을 갖춘 인재가 필요하다. 이제 국가적 차원에서 인재를 양성해야 한다. 나는 패션유관단체 등에 이러한 인재양성 시스템을 도입하자고 제안하기도 했다.

이런저런 경영인 모임에 나가 보면, 고학력자는 넘치는데 마땅히 쓸 만한 인재가 없다며 불평하는 기업인들이 적지 않다. 인재는 어느 날 갑자기 완성된 형태로 나타나지 않는다. 나무를 키우듯 정성들여 하나하나 만들어 가야 한다. 인재는 키워지는 것이다.

나는 왜 일하는가?

돈을 벌기 위해 일하는가? 아니면 일 자체를 사랑하기에 일하는가? 같은 일을 하더라도 어떤 생각으로 그 일을 대하느냐에 따라 궁극적으로 두 삶은 엄청난 차이가 나게 된다. 전자라면, 부동산 투기로 벌든 주식투자로 벌든 어느 정도 돈이 생기면 더 이상 일하지 않을 것이다. 그러다 보면 자칫 향락에 빠질 수도 있고, 불규칙한 생활 등으로 건강을 잃을 수도 있으며, 인생의 의미와 가치를 상실할 수도 있다.

하지만 후자의 경우는 다르다. 우리가 어떤 일을 하든 온전히 내 힘만으로 모두 해결할 수 있는 일들이 얼마나 되는가? 의식주에서 교통,

교육, 의료에 이르기까지 비록 돈은 내가 지불한다지만 다른 사람의 도움을 받지 않으면 한순간도 편히 살아가기 어렵다. 우리는 늘 다른 사람에게서 무언가를 받는 존재다. 따라서 받기만 해서는 안 된다. 누군가를 위해 나도 그들이 필요로 하는 무언가를 해야 한다. 돈이 있고 없고를 떠나 사람이라면 열심히 일해야 하는 것이다.

전자에 해당하는 사람들이 많으면 나라의 앞날은 어두워질 수밖에 없다. 반면 일에 대해 건강한 생각을 지닌 사람이 많은 나라가 바로 선진국 아니겠는가?

2

아버지의 마음으로, 보끄레 가족의 행복을 위해

신입사원을 뽑을 때면 늘 마음이 설렌다. 각자의 독특한 매력과 장점이 궁금하고, 그런 능력들을 자신과 회사를 위해 어떻게 발휘해 줄지 기대하다 보면 절로 활력이 샘솟는다. 물론 이를 위해 경영자는 그들이 날개를 활짝 펼 수 있도록 여건을 만들어 주어야 한다.

한국 아빠

나는 보끄레 직원들을 피고용인이라고 생각해 본 적이 없다. 그들은 내 가족이다. 그래서인지는 모르겠지만 어떤 직원들은 나를 '아버지' 혹은 '아빠' 라고 부르기도 한다. 특히 중국 매장의 중국인 여직원들은 나를 '한국 아빠' 라고 부른다. '사장님' 이라는 호칭보다 듣기 좋다. 그만큼 직원들과의 관계가 가깝다는 뜻이기도 하기 때문이다. 또 우리

회사를 아버지의 회사처럼 여기고 그만큼 열심히 일하고 있다는 뜻일
수도 있다.

우리 회사 분위기를 잘 모르는 사람들에게는 좀 황당하게 들릴 것이
다. 그러나 어디 이런 일이 내가 강요한다고 되는 일인가. 또 그런 호
칭을 듣고 싶어서 가족처럼 대하는 것도 아니다. 어떨 때는 직원들의
스스럼없는 '아버님' 소리에 오히려 내가 더 쑥스러울 때도 있다.

직원들이 나를 아버지처럼 느끼는 이유는, 내가 사장이 아닌 아버
지 입장에서 그들의 오늘과 미래를 함께 걱정하다 보니 그렇게 된 게
아닌가 싶다. 가정에는 부모가 있고 자식이 있다. 부모로서 할 일이
있고 자식으로서 할 일이 있다. 자식이 어떤 결정을 내릴 때 부모가
도움을 줄 수는 있지만 전적으로 부모의 말을 따르라고 강요할 수는
없다. 또 마마보이처럼 매사에 부모의 결정을 기다리고 따르는 자식
도 문제다. 그러다 보면 결국 어떤 문제도 스스로 결정할 수 없게 되
고 만다.

내가 직원들을 대하는 관점도 기본적으로 부모 자식 간의 그것과 다
르지 않다. 부자간의 관계가 원만하려면 어떤 문제는 자식 스스로 결
정할 수 있도록 해 주어야 한다. 그래야 부모의 그늘에서 벗어나 스스
로 성장할 수 있다.

보끄레의 모든 직원은 내 가족이다. 나는 가족을 대하는 마음으로
그들과 이야기하고 고민을 나눈다. 직원들의 발전을 위해 해외에서 연
수도 받고 일할 수 있는 기회를 주지만, 한국으로 돌아와 더 큰 발전을
위해 회사를 떠나거나 다른 회사로 이직한다 해도 더 크게 날개를 펼
수 있는 일이라면 결코 반대하지 않는다.

회사에서 투자했으니 당연히 회사를 위해 일해야 하지 않느냐고 억

지로 붙들어 맨들 마음이 다른 데 있다면 무슨 소용이 있겠는가? 오히려 길을 터 주며 회사라는 틀보다 사회라는 더 큰 틀 속에서 발전해 가는 것이 길게 보면 서로 윈-윈 하는 길이 될 것이다. 회사를 떠난다고 해서 나와의 관계 자체가 끊어지는 것은 아니지 않은가? 자식이 더 크게 성장할 수 있는데 집안일만 하라고 만류하는 부모는 없을 것이다. 같은 이유로 나 또한 직원들이 더 크게 자랄 수 있는 곳으로 떠나겠다면, 언제라도 흔쾌히 새 출발을 격려하고 이런저런 도움을 줄 것이다.

이 모든 것은 회사 직원에 대한 투자가 아니라 내 가족에게 투자한 것이라고 생각하기에 가능한 일이다. 그리고 나의 이런 생각이 결국에는 우리 회사의 발전에 커다란 영향을 미친다는 사실을 이미 경험으로 알고 있다. 지난날 길을 달리한 직원들이 각 분야의 전문가로 성장해 다양한 형태로 나에게 큰 도움을 주고 있다.

주인된 마음으로 늘 깨어 있으라

코오롱에서 시작하여 오늘날 보끄레를 경영하게 되기까지, 나는 스스로를 행운아라고 생각한다. 섬유원료부터 옷을 만드는 과정까지 전 과정을 배울 수 있었기 때문이다. ON&ON이 중국에서 고급 여성의류로 강력한 브랜드 이미지를 구축할 수 있었던 것도 모두 코오롱 시절의 경험이 바탕에 있었기 때문이다.

앞으로는 세계 시장을 내 집 마당처럼 여겨야 한다. 나에게는 아직도 해 보고 싶은 일들이 무수히 많다. 그 열정을 잃지 않으려면 끊임없는 사고 훈련과 함께 글로벌 시대에 맞는 능력도 갖추어 나가야 한다. 특히 늘 깨어 있는 의식이 필요하다. 그렇기에 환갑을 넘긴 나도 사원들과 같이 일찍 출근해서 중국어 강의도 듣고 각종 세미나에도 열심히 참석한다.

1991년 7월 1일, 보끄레머천다이징을 창립했지만 그해 6월부터 본격적으로 일을 시작해 상표를 출원하고 이듬해 8월 런칭하기까지 무던히도 바빴다. 초창기여서 직원은 몇 명 되지 않았지만 브랜드를 만들기 위해 포상금까지 걸어 놓고 브랜드명을 공모했다.

그런데 한 달이 지나도록 마음에 드는 이름이 나오지 않았다. 기업이 크든 작든 대표는 언제나 회사 일로 고민하고 걱정하게 마련이다. 회사에 있거나 차 안에 있거나 심지어 잠을 자고 있어도 일에 매달리는 게 사장의 속성이다. 내 신경은 온통 브랜드명을 생각해 내는 일에 집중해 있었다.

'뭐가 좋을까?'

그러던 어느 날 거래처 사람을 만나러 홍대 앞을 지나고 있었다. 신호를 받아 차가 섰는데 멀리 한 카페가 보였다. 카페 이름이 '온&오프'였다. 그 이름을 보는 순간, 짜릿한 전율이 흘렀다. 일단 기억하기 쉽고 신선했다. 그런데 좀 더 생각해 보니 '오프'라는 단어의 느낌이 별로 좋지 않았다. 그래서 '오프' 대신 '온'을 한 번 더 붙여 입안에서 되뇌어 보았다.

"ON&ON, ON&ON…."

되뇌어 볼수록 더욱 마음에 들었다. 의미를 생각해 보니 그 또한 마음에 들었다. 늘 깨어 있고 불이 켜져 있는 상태, 벽돌을 한 장 쌓고 또 한 장 쌓고 하며 계속 발전하는 것처럼 느껴졌다.

'그래, 바로 이거야.'

특허청에 확인해 보니 상표 등록에도 문제가 없었다. 다시 생각해 봐도 첫 출발하는 브랜드명으로 참 좋은 것 같았다. 주변에서도 평가가 좋았다. 그렇게 탄생한 ON&ON은 1992년 8월부터 백화점에 본격적으로 진출하기 시작했다. ON&ON이라는 브랜드명, 제품의 디자인과 품질, 나의 과거 경력 등 모든 게 힘이 되어 런칭이 무리 없이 이루어졌다.

사업이나 가정생활이나 뭔가에 막혀 일이 잘 풀리지 않고 있다면 끊임없이 생각하라. 그러다 보면 어느 순간 갑자기 해결의 실마리를 찾게 된다. 모르는 글도 백 번 읽으면 저절로 그 뜻을 알게 된다는 말처럼, 끝없이 노력하다 보면 좋은 결과를 얻을 수 있다. 하지만 그러려면 늘 깨어 있어야 한다.

포상금을 걸고 브랜드명을 공모할 때도, 내가 진정으로 원한 것은 좋은 브랜드 이름 하나만이 아니었다. 이런 문제를 모든 직원이 주인의식을 갖고 대했으면 하는 바람 때문이었다. 남이 열심히 노 젓는 배에 그냥 덤으로 얹혀 가기를 바라지 말라는 뜻이었다.

주인의식이 있어야 빠르게 성장할 수 있다. 부모형제가 있더라도 내 인생의 주인은 바로 나다. 부모의 사랑이 지극하고 형제간 우애가 깊다 해도 그들은 내 인생의 조연은 될 수 있을지언정 주연은 될 수 없다. 주인된 자세로 살아가기 위해서는 무엇보다 나 스스로 내 인생의 주인임을 자각해야 한다.

'월급쟁이가 미쳤다고 그 일까지 찾아 해? 내가 뭐 하러 그런 고생까지 사서 해? 적당히 하고 월급만 받으면 되지.'

조직생활의 타성에 젖어 이런 생각으로 일하는 샐러리맨들이 적지 않다. 그러나 결론부터 말하면 주인의식을 갖는 것은 회사나 사장을 위한 일이 아니다. 결국 자신을 위한 것이다. 스스로 조직의 월급쟁이라는 틀을 깨지 못하면 미래를 위한 힘찬 걸음을 내딛을 수 없다. 스스로 삶의 주인이 된다는 것은 고정관념에 사로잡힌 낡은 의식을 깨는 출발점이다. 삶의 진정한 풍요로움을 찾아가는 첫걸음이다.

아버지의 마음, 아버지의 과제

2004년 5월 어느 날, 그날은 ON&ON 가족 모두에게 특별한 날이었다. 새로 입사한 신입사원들의 부모님들을 회사에 초대한 것이다. 나도 자식을 키우는 부모 입장에서 내 자식이 다니는 회사가 어떤 곳이며 근무환경은 어떠한지 궁금한 적이 있었다. 이제 막 사회에 첫 발을 내디딘 내 자식이 일하는 회사가 정말 괜찮은 회사일까? 발전 가능성은 있는 곳일까? 그곳에서 제대로 일을 배울 수 있을까? 물론 자녀들을 통해 간접적으로 듣기는 하겠지만 그래도 직접 눈으로 본 것만은 못할 터였다.

그런 취지에서 신입사원들의 부모님들을 초대하는 자리를 마련했다. 아들딸이 다니는 회사를 직접 보고, 사장을 만나 얘기도 들어보고, 회사의 비전은 어떠한지 판단할 수 있도록 하기 위해서였다. 신입사원들의 부모님과 할머니, 그리고 오빠, 언니들까지 그야말로 온 가족을 초대한 대규모 가족 파티였다. 나는 그분들을 모신 자리에서 회사 간부들을 소개한 다음 이렇게 말했다.

"훌륭하게 키워 주신 자녀를 저희 회사에 보내 주셔서 너무나도 고맙습니다. 지금 ON&ON은 여러분이 보시다시피 아주 큰 회사는 아닙니다. 하지만 부모님들의 훌륭한 자녀들과 저희가 함께 열심히 일하면 틀림없이 밝은 미래가 펼쳐질 것입니다. 지금 이 자리에 계신 부모님들께서 저희 ON&ON의 든든한 후원자가 되어 주십시오."

박수가 터져 나왔다. 나도 훌륭한 인재를 우리 회사에 보내 준 부모님들에게 박수를 보냈다. 이어서 나는 꼼꼼히 준비한 자료를 보여 주며 우리 회사의 비전과 미래를 설명했다. 그들은 모두 공부하는 학생처럼 열심히 경청했다. 브리핑을 마친 후, 한 사원의 어머니가 말했다.

"우리 막내가 이렇게 좋은 회사에 다니게 되어 너무 기쁩니다. 지금 이 순간이 제 생애 있어서 가장 행복한 순간이에요."

전혀 과장되지 않은 말투였다. 그녀가 한 말을 나는 평생 잊지 못할 것이다. 그 말 속에는 사장인 나에 대한 신뢰와 기대, 더 나아가 보끄레라는 회사에 대한 깊은 믿음이 있었다. 회사 소개가 끝난 뒤 한쪽에 마련된 뷔페로 저녁을 함께했다. 모두가 한 가족임을 교감할 수 있는 자리였다.

가족들이 돌아가고 난 후, 나는 그녀가 한 말을 곱씹으며 생각에 잠겼다. 보끄레 사원들과 그들의 수많은 가족들을 더 행복하게 해 주기 위해 내가 할 수 있는 일은 무엇일까? 나는 앞으로도 수없이 이렇게 자문할 것이다. 한 가정을 이끄는 아버지가 식구들의 행복을 위해 언제나 애쓰는 것처럼, 나 또한 보끄레 가족들의 행복을 위해 열심히 일할 것이다.

예의라는 것

얼핏 예의(禮儀)란 말을 들으면 아랫사람이 윗사람에게 갖추어야 할 몸가짐 같은 것을 먼저 떠올릴 것이다. 하지만 예의란 동료 간, 상하 간, 부부간, 형제간 등 어떤 관계에서든 간에 있어야 하고 또 지켜져야 바람직할 것이다.

나는 지금까지 40년째 조직생활을 해 오면서 몸이 아프거나 집안의 큰 경조사를 제외하고는 결근이나 지각, 조퇴 등을 해 본 일이 거의 없다. 사장을 하면서도 그렇다. 지금은 내가 한두 달 자리를 비운다 해도 큰 문제가 발생하지는 않을 것으로 생각되지만 그렇게 해 본 일은 없다. 몸이 지치고 피곤해도 직원들과 똑같이 회사의 룰을 지키며 생활하고 있다. 아침 일찍 나와 직원들과 함께 외국어 공부도 하고 외부인사 특강이 있는 날이면 맨 앞자리에서 누구보다도 열심히 듣는다.

또 골프 배운 지가 27년이 됐지만 아직도 100타를 넘기는 일이 많다. 열심히 안 해서 그렇겠지만 1년에 열 번 정도밖에 쳐 볼 기회도 잘 없다. 요즈음 내 또래 친구들이 대부분 일손을 놓았기 때문에 그들은 굳이 길 막히고 돈 많이 드는 주말에 갈 이유가 없다. 주중에 가면 되기 때문이다. 처음에는 주중에 나가자는 전화도 종종 있었지만 지금은 그나마 거의 없어졌다. 주중에는 안 가는 사람으로 낙인 찍혀 버렸기 때문이다.

나는 직원들이 열심히 일하는 시간대에 내 개인이 즐기기 위해 골프를 친다는 것은 직원들에 대한 예의가 아니라고 생각해서 지금까지 '근무하는 날 개인 목적으로는 골프를 치지 않는다' 는 원칙을 지켜 왔다.

물론 특별히 일의 연장선상에서 이루어지는 기회는 그것도 일이기 때문에 경우가 다르다.

꼭 의도해서는 아니지만 이러한 나의 생활자세가 무언중에 우리 회사 직원들에게 무언가 보이지 않는 메시지가 될 것으로 믿는다. 또 나 또한 그들 앞에 언제나 떳떳할 수 있어 좋다. 지난해부터는 건강관리를 위해 한 달에 한두 번은 이해해 달라고 직원들에게 얘기했고 직원들이 "제발 그렇게 하세요."라고 했지만 그 후로도 실제로는 아직까지 못했다. 마음이 편치 않아 별로 내키지 않기 때문이다.

3

사람을 어떻게 쓸 것인가

회사나 조직사회의 구성원들을 보면 크게 두 부류로 나뉜다. 라인 (영업조직)에 잘 맞는 성향의 직원이 있는가 하면, 스태프(참모조직) 체 질인 직원이 있다. 라인 성향이 강한 사람들은 스스로 결정하고 집행 하는 일을 잘 해내는 반면, 스태프 성향이 강한 사람들은 사고가 비교 적 체계적이고 학구적인 경우가 많다. 스태프 성향이 강한 직원에게 라인 성향의 일을 맡겨 두면 극심한 스트레스를 받는 것은 물론 업무 의 효율도 떨어진다.

라인 성향인가, 스태프 성향인가?

보끄레는 불과 40평 남짓한 논현동 사무실에서 출발했다. 여러 가지 준비할 일이 많았지만 무엇보다 가장 필요한 것은 깊이 신뢰할 수 있는 사람이었다.

코오롱에서 본부장으로 있을 때 뽑았던 사원 중에 똑똑하고 유능하여 무척 신뢰했던 직원이 있어 그에게 동참을 부탁했다. 한동안 패션 쪽 일에서 떠나 있던 터라, 감각이 살아 있는 사람이 절실하게 필요했던 것이다. 결국 그는 보끄레를 선택했다.

그는 스태프 성향이 강했다. 우리 회사에 입사한 뒤 많은 권한을 주었는데도 결정할 일이 있을 때마다 어떻게 하면 좋겠느냐고 물어왔다.

"그만한 결정은 스스로 할 수 있으리라고 생각했는데, 왜 모든 것을 자네 스스로 결정하지 못하나?"

그것이 그에게는 큰 스트레스였다. 스태프 성향의 그에게 라인 성향의 일을 맡겼으니 그럴 법도 했다. 번뜩이는 아이디어도 많고, 일에 몰두하면 집요하게 파고드는 성향도 있었으며, 인간적으로도 신뢰할 수 있는 사람임에는 분명했지만 무엇인가를 결정해야 할 때에는 스스로 하지 못했다.

결국 그는 6개월쯤 지나 회사를 그만두었다. 그 후로 그는 이것저것 다른 일을 하면서 시행착오도 겪고 실패도 했다. 코오롱에서 잘 나가던 그를 끌어냈다는 미안함이 있어, 회사가 커 가는 동안 여러 차례 그를 불러 기회를 주려 했지만 여의치 않았다. 그를 마지막으로 불렀을 때가 1998년이었다. 그는 어느 회사의 이사로 있었는데, 회사도 내가 잘 아는 회사였고 사장 또한 잘 아는 분이었다. 당시 그 회사는 그에게 새로운 브랜드 개발을 맡기고 있었다.

"그 친구 내가 데리고 있다가 잘 맞지 않아 나갔지만 내가 무척 신뢰하는 친구고, 또 똑똑합니다. 그 친구 좀 잘 키워 주십시오."

나는 매번 그 회사 사장을 만날 때마다 이렇게 부탁했다. 그런데 어느 날 그가 진행하던 브랜드 사업이 중단되었다는 소식이 들렸다. 사장이 포기했다는 것이다. 나는 그를 불렀다.

"왜 이런 결과가 나왔다고 생각하나?"

"기획서를 작성해 보고하는 족족 안 된다고만 하는데, 제가 뭘 어떻게 하겠습니까? 의견 충돌만 생기고."

그는 불만을 토로했다. 처음에는 그가 해 볼 수 있도록 지속적인 자금 지원을 약속했다는 것이다.

"그분은 그래도 자네를 믿고 20억 원을 쏟아 붓지 않았나. 아무리 어려워도 앞이 보인다면 계속 투자를 했겠지. 사장이 브랜드를 포기한 것은 사장 책임이 아니라 자네 책임이라고 생각하지 않나? 자네는 임원으로서 월급이라도 받았지만, 그분은 20억 원을 날렸는데, 도의적 책임감이라도 느껴야지 그분 탓을 하면 되겠어?"

그는 일정 부분 수긍했다. 하지만 결국 그곳을 그만두고 지금은 중국에 가 있다. 그가 그때 '내 탓이요'라고 생각했다면 아마도 다시 합류했을 것이다.

그는 이론가였다. 어떤 사안에 대해 스스로 결정하는 스타일이 아니었다. 회사라는 조직은 이론가도 필요하고 결정을 내릴 사람도 필요하다. 스태프 성향의 인력과 라인 성향의 인력이 모두 필요한 것이다. 그리고 어떤 직원이 스태프 성향인지 라인 성향인지를 판단하는 것은 관리자의 몫이다. 그렇다면 어떻게 그런 자질들을 판단할 것인가.

집중적으로 키워야 할 사람

코오롱 본부장 시절, 신입사원들을 받았을 때의 일이다. 그때 코오롱은 미국의 '하트막스'라는 회사와 라이선스 계약이 되어 있었다. 나

는 신입사원들의 자질을 판단하기 위해 영어로 된 계약서를 복사해 나
눠 주고 일주일 안에 해석해 오라고 했다. 라이선스 계약서는 영문학
을 전공한 사람들도 쉽게 해석하기 힘들다. 전문용어들로 가득하기 때
문이다.

일주일 후 사원들의 자질이 명확하게 구분되어 나타났다. 어렵다고
저만치 미뤄 두고 시간만 보낸 이들이 있는가 하면, 또 어떤 사원들은
죽어라 사전을 뒤져 계약서 사본에 단어 뜻을 빽빽하게 적은 채 제출
했고, 학교 교수님이나 선배 등을 찾아다니며 절반쯤 해석을 해 온 사
원들도 있었다.

세 경우 모두 결과만 보면 '제로(0)'였다. 누구도 제대로 해석을 해
오지 못했기 때문이다. 애당초 완벽한 해석을 기대하고 시킨 일은 아
니었다. 그들의 일에 대한 접근 태도를 보기 위한 것이었다.

첫 번째 부류는 자신의 힘으로는 되지 않는다고 판단해서 아예 포기
한 경우였고, 두 번째는 그래도 자신의 능력을 뛰어 넘으려 노력은 했
지만 결과가 그에 미치지 못했으며, 마지막 부류는 자신의 주변 사람
들을 활용할 줄 아는 능력을 보여 주었다. 싹수가 보이는 것이다. 누구
에게 더 큰 기대를 해야 할지 답은 명확했다.

지금도 해외에 나가 있는 사원들이 리포트도 보내고 메일도 보내온
다. 그들은 모르겠지만 나는 그런 자료를 통해 그들의 성향과 능력을
판단하고 있다. 라인 성향인지 스태프 성향인지, 집중적으로 키울 가
치가 있는지, 아니면 보조자 역할을 하도록 할 것인지 관심 있게 지켜
보고 있다.

4

아, 나는 짐승처럼 살았구나

1990년대 중반, 내 나이도 쉰을 훌쩍 넘긴 어느 날이었다. 모처럼 한가한 시간을 맞아 창밖을 내다보며 짧다면 짧고 길다면 길었던 지난 날의 삶을 돌아보았다. 그러다 문득 회한이 밀려들었다.

'지난 50여 년은 오로지 나와 내 가족을 먹여 살리기 위해 살아온 삶이었구나. 짐승도 새끼를 낳으면 그들을 끔찍하게 돌보는 것을…. 겨우 짐승처럼만 살아왔단 말인가?'

그동안 남을 배려하고 도우며 최대한 바르고 성실하게 살았다고 자부해 왔는데 돌이켜 보니 그것은 커다란 오만이었다. 순간 부끄러운 마음과 한편으로는 다행이다 싶은 안도감이 교차했다.

'그래도 아직 20여 년쯤은 남아 있지 않은가? 7, 80이 돼서 깨달았다면 시간을 돌이킬 수도 없었을 텐데…, 후회스런 마감을 할 뻔했구나.'

며칠 동안 곰곰이 생각해 보았다. 짐승과 다른 인간다운 삶이란 과연 어떤 것일까? 며칠을 두고 고민한 결과, 나와 내 가족 그리고 가까운 친구들만이 아닌 나와 아무런 관계가 없는 사람들에게도 작게나마 힘닿는 대로 관심과 배려 그리고 사랑을 베풀며 살아가고자 노력하는 것, 그것이 바로 인간다운 삶이라는 결론을 내렸다. 그러려면 내 생활도, 회사의 경영 원칙도 완전히 달라져야 한다는 생각이 들었다.

개인이나 기업의 성공은 추구하는 바를 달성한 경우를 의미하지만 이는 어디까지나 사전적 의미의 성공일 뿐이다. 부와 명예, 권력은 성공의 필요조건은 될 수 있을지 몰라도 충분조건은 아니다. 이런 요소들이 어떻게 타인의 삶에 유익하고 적절하게 활용되느냐가 중요한 것이다. 이런 과정을 통해 비로소 스스로 만족을 얻고 행복해질 수 있어야 그것이 진정한 성공인 것이다.

물론 이런 생각도 어느 면에서는 이기적인 것인지도 모른다. 하지만 그렇다고 해서 늦게나마 깨닫게 된, 베풀고 사는 삶의 소중함과 가치를 놓칠 수는 없었다.

그날 이후, 나는 전보다 다른 사람들의 삶에 더욱 관심을 갖기 시작했다. 사옥이 있던 관할구청을 통해 생활이 어려운 이웃들을 소개받을 수 있었다. 서울 송파구 가락동에 있을 때는 송파구청에서, 그리고 길동으로 옮긴 후에는 강동구청에서 몇몇 어려운 이웃들을 소개받아 나름대로 경제적인 도움을 주기 시작했다. 장학금 지원, 야학 운영, 자원봉사 활동 등이 바로 이런 취지에서 시작된 일이었다. 꼭 큰돈이 있어야 하는 것은 아니었다. 중요한 것은 마음이었다.

언젠가 모 여고 교장을 하고 있는 친구와 점심을 먹었다.

"요즘도 옛날처럼 등록금 못 내는 아이들이 있나?"

"그럼, 한 2, 3퍼센트쯤 될 거야."

무심결에 물었는데 그 말을 듣는 순간 어려웠던 대학 시절이 생각났다. 입주 가정교사를 하던 그때, 사장님 내외분의 도움이 내게 얼마나 절실하고 고마웠던가 하는 기억이 생생하게 떠올랐다.

그래서 그 친구로부터 몇몇 형편이 어려운 학생들을 소개받아 학비를 지원하기 시작했다. 그러면서도 한편으로는 부끄러웠다. 진작부터 베푸는 삶을 살지 못한 데 대한 자책이었다.

사실 우리 주변에는 어려운 환경에서도 남을 돕는 사람들이 많다. 먹고살 만하니 여유가 생겨 이제야 주변 사람들을 돌아보았다고 생각하니까 부끄러웠다. 하지만 시작도 못할 만큼 늦은 때란 결코 없다고 믿는다. 늦었다고 생각하는 그 순간이 가장 빠르다는 말도 있지 않은가.

5

마음의 창(窓), 연변과학기술대학

행복이란 과연 무엇인가? 물론 사람마다 다르겠지만 나는 연변과학기술대학의 김진경 총장을 알게 된 후, 마음이 풍요로운 사람이 진정 행복한 사람이라는, 아주 당연하고 단순한 진리를 새삼 깨달았다. 이렇게 단순한 진리를 우리는 가끔씩 잊고 산다. 아니, 실은 잘 알면서도 행동으로 옮기지 못한다. 김 총장은 그런 우리들에게 좋은 귀감이 될 분이다.

죽음의 땅에서 피워 낸 생명의 꽃

2002년 김진경 총장이 우리 회사에 오셔서 특강한 지 2년여 만에 빚(?)을 갚으러 간 연변과학기술대학에서 나는 '마음의 창'이라는 제목으로 한 시간 반 동안 특강(빚잔치)을 했다. 긍정적이고 밝은 마음가짐

으로 세상을 대하면 생각처럼 세상이 그리 어둡지만은 않다는 것을 알
게 되리라는 내용이었다.

"… 희망의 렌즈를 끼고 세상을 바라보면 세상은 희망으로 가득 차
있습니다."

강의를 마쳤을 때, 놀랍게도 나이 어린 학생들의 반응이 매우 열정
적이었다. 대부분 형편이 아주 어려웠기에 희망에 대한 열망 또한 뜨
거웠을 것이다. 박수소리가 우렁차게 강의실에 울려 퍼졌다.

연변과학기술대학은 인천공항에서 비행기로 2시간 15분 거리에 있
는 연길(延吉)에서 다시 차로 30분쯤 걸린다. 과기대에서 용정(龍井)은
그리 멀지 않다. 용정에서 드디어 그 유명한 가곡 '선구자'에 나오는
해란 강을 보게 되었다. 내심 무척 커다란 강일 것이라고 기대했는데,
직접 보니 서울의 중랑천만 하였다. 용정은 지난 세기 일제강점기의
혹정을 피해, 빼앗긴 나라의 해방을 위해, 고단한 삶에서 벗어나고자
압록강을 건너야 했던 우리 선열들의 한(恨)과 역사가 고스란히 남아
있는 곳이다. 요절한 시인 윤동주의 흔적이 곳곳에 있고 수많은 애국
지사를 배출한 대성중학교도 있다. 모든 흔적 하나하나가 우리 조상들
의 얼과 혼이라는 생각에 가슴이 뭉클했다.

그래서인지 이곳에 학교를 세운 김진경 총장의 노력이 남다르게 느
껴졌다. 그는 중국 정부가 주는 밭을 마다하고 공공묘지가 있는 야산
을 받아, 죽음의 땅을 생명의 땅으로 바꾸겠다는 당찬 목표로 대학 설
립을 추진했다. 부족한 자금은 전 세계를 돌며 강연하고 후원금을 받
아 충당했다. 그렇게 해서 설립한 학교가 연변과학기술대학이다. 이제
중국 내에서도 10위권 안에 드는 명문대학이 되었다 하니, 한 사람의
열정이 이루어 낸 결과가 참으로 놀랍고 아름다울 뿐이다.

 | 경영, 사람을 향해 진보하라

진정한 행복의 의미

무엇이 그로 하여금 안락한 생활을 포기하고 기꺼이 험난한 길을 선택하도록 만들었을까? 잘 먹고 잘살 수 있는 평탄한 길이 있는데도 미련 없이 포기하고 그토록 힘든 길을 걷고 있는 이유, 나는 그것이 궁금했다. 단순한 열정이나 사업상의 집념과는 다른 그 무엇이 있었을 터였다. 연변과기대와 작은 인연을 갖게 되면서 나는 김 총장을 사로잡고 있는 그 무엇의 정체를 조금씩 알 수 있었다.

한 번이라도 연변과기대에 가 봤거나, 졸업생을 만나 본 사람이라면 김진경 총장이 학생들에게 얼마나 깊은 자긍심과 희망을 심어 주었는지 알 수 있다.

과기대의 교수진들은 현재 모두 거의 무보수로 일을 하고 있다. 구성도 다양하다. 한국인 교수가 90퍼센트 이상을 차지하고 있지만 캐나다나 프랑스 등 세계 각국에서 온 다양한 국적의 교수들이 무료봉사를 하고 있다. 3, 40대의 젊은 교수들도 적지 않다. 게다가 교수와 학생이 같은 기숙사 안에서 함께 생활한다. 모든 부귀영화를 버리고 오로지 가르치는 일에 전념하는 그들이야말로 인생의 진정한 가치를 깨닫고 실천하는 사람들이다. 그들을 만나 보면 나이가 많고 적음을 떠나 인간으로서 깊이 존경하는 마음을 갖게 된다.

과기대를 방문했을 때의 일이다. 40대 중반의 한국인 치과의사가 학생들에게 무료진료를 해 주고 있었다. 반가운 마음에 다가가 악수를 청하고 옆에서 잠시 지켜보았다. 진료를 하는 내내 그의 입가에는 미소가 떠나질 않았다. 그는 분당에서 병원을 운영하다 이곳에 와서 봉사를 하고 있다고 했다. 혼자서 그 많은 학생들을 다 진료하려면 많이 힘들 텐데도 얼굴 한 번 찡그리지 않았다. 그의 빛나는 얼굴은 '나는 지금 행복합니다' 라고 말하는 듯했다. 실제로 그는 이곳에서 봉사하는 게 너무 행복하다고 했다. 그의 봉사활동의 뿌리는 다름 아닌 조국애요 민족애요 인류애였다. 그런 까닭에 그는 풍요로운 정신 세계 안에서 늘 행복한 것이다.

우리는 답을 알고 있다

김진경 총장의 부인은 처음 총장이 학교를 짓겠다며 자신을 연변에 데려 갔을 때, 그 허허벌판을 보고 막막해서 눈물을 쏟았다고 한다. 그러나 학교를 설립한 이후 매우 열성적으로 학생들을 돌봤고 지금은 평양 과기대 설립 현장을 지휘하고 있다고 들었다. 한겨울 매서운 추위를 막기 위해 비닐을 커튼인 양 두른 기숙사에서 학생들과 함께 생활하며 인생의 멘토 역할까지 한다는 것은 사랑 없이는 결코 쉬운 일이 아니었을 것이다. 과기대 학생들이 김 총장을 아버지로, 그의 부인을 어머니로 여기는 것도 어쩌면 당연한 일이다.

처음 대학에 입학한 학생들 중 많은 학생이 대부분 등록금을 낼 수 없는 어려운 형편이었다. 김 총장은 학생들이 걱정 없이 공부할 수 있도록 장학금을 주었다. 단, 졸업 후 취업해서 빌려 준 학자금을 갚을 수 있게 했다. 사회생활을 좀 더 열심히 할 수 있도록 독려하기 위해, 그리고 자기가 받은 혜택을 다시 후배들에게 물려주라는 뜻이었다.

처음 6개월간은 무척 힘들었다고 한다. 가난하고 불우하게 자란 아이들이 갑자기 아무런 조건 없이 사랑을 베푸는 총장 내외를 의혹의 눈초리로 바라본 것이다. 그래도 김 총장은 주저하지 않았고, 학생들이 총장 부부의 진정한 사랑을 깨닫기까지는 그리 오래 걸리지 않았다.

간혹 어떻게 은혜를 갚으면 좋을지 묻는 학생도 있다고 한다. 그때마다 김 총장은 자신에게는 갚을 필요가 없으니 사회에 나아가 또 다른 어려운 처지에 있는 아이들에게 베풀라고 대답한다고 한다. 총장 부부는 학생들을, 가르치고 사랑을 베풀어야 할 자식과 같은 존재로 여기고 있다. 여기저기서 후원을 받아 학생들을 가르치는 것은 곧 자식을 공부시키기 위해 빚을 내는 부모의 마음과 같았다.

인생의 중요한 가치를 깨닫고 그것을 위해 온몸을 던져 열정을 바치는 사람, 그 사람이 진정 행복한 사람이 아닐까.

연변과학기술대학 학생들은 80퍼센트가 조선족이고 나머지 20퍼센트는 한족이다. 학생들은 기본적으로 한국어, 중국어, 영어를 구사할 줄 알아야 한다. 김 총장의 사명감과 희생 어린 노력이 가난과 절망에 빠져 있던 수많은 젊은이들을 꿈과 희망의 세계로 이끌고 있다. 그리고 이 학생들이 장차 한국과 중국의 교역 및 기술교류에 앞장서게 되고, 먼 훗날 통일 한국에 크게 기여하게 되리라는 사실은 두말 할 나위가 없다.

행복이란 무엇인가. 우리는 모두 그 답을 알고 있다. 다만 실천하지 않고 있을 뿐이다.

6

옳은 길이 아니면 아예 들어서지도 마라

윤리 경영이란 무엇인가? 투명하고 깨끗하고 합리적인 경영이 바로 윤리 경영이다. 말로 하면 쉬운 것 같지만 사실 이만큼 어려운 것도 없다. 그러나 한 번 어렵다고 생각하면 또 한없이 어려워지는 법이다.

나는 지금까지 한 번도 윤리 경영이 어렵다고 생각해 본 적이 없다. 한 번 정도를 걷기 시작하면 그 정도를 벗어나기가 무척 어렵다. 반면에 한 번 정도를 벗어나면 다시 정도를 지키기가 어렵게 마련이다. 그래서 나는 처음부터 정도에서 벗어나는 것은 아예 그 싹을 잘라 버린다.

가지 말아야 할 길

코오롱에서 일할 때의 일이다. 당시 패션사업본부에서는 여성의류만 취급했고 따로 스포츠 사업본부가 있었는데, 내가 두 본부의 본부장을 겸임하게 되었다.

직접 스포츠 사업본부를 맡고 나서 살펴보니 공장이 23군데나 되었다. 물량을 파악했더니 9개 정도의 공장만 가동되어도 충분할 것 같은데 공장이 너무 많았다. 그래서 내심 이상한 생각이 들어 사전 연락을 취하지 않고 공장을 방문하기로 했다. 미리 연락을 해 두면 그쪽에서 미리 어떤 조치를 취하지 않을까 싶었던 것이다. 있는 그대로의 상황을 알려면 불시에 찾아가 보는 수밖에 없었다.

기사에게 부탁해 공장의 위치를 사전 확인한 뒤 3일에 걸쳐 23곳의 공장을 다 돌아보았다. 아니나 다를까, 문제가 있었다.

어떤 공장 사장은 우리 회사 누구의 친구고 또 다른 사장은 어느 직원의 친척이었다. 이런 식으로 공장을 선정하다 보니 9개면 될 것을 23곳이나 가동했던 것이다.

나는 검사원들을 불렀다.

"일하면서 불편하거나 애로 사항이 있으면 말해 보세요."

머뭇거리던 그들은 내가 다시 재촉하자 하나같이 입을 모아 말했다.

"우리가 검사해서 분명 불합격시킨 제품들인데 나중에 보면 출고되는 경우가 있습니다."

나는 너무 놀라 한동안 할 말을 잃었다. 정말로 말도 안 되는 상황이 벌어지고 있었던 것이다.

"그게 도대체 말이 되는 소립니까? 직급이 낮든 높든, 또 사장이든 회장이든 불합격된 제품은 어느 누구도 내보내서는 안 되는 겁니다. 그런 행동이 우리 회사가 고객들에게 지켜야 할 신의를 저버리는 것이라는 사실을 모릅니까?"

검사원들은 안절부절못했다. 하지만 그들을 탓해서 될 일이 아니었다. 제품에 하자가 생길 수밖에 없었던 이유를 나는 알고 있었다.

능력과 실력이 아닌, 인맥과 연줄로 얽힌 공장에서는 사장 됨됨이가 아주 바르지 않는 한, 좋은 제품이 나오기 어렵다. 인연에 얽매여 급기야 우리 쪽 직원들이 눈감아 주고 불량 제품을 내보내는 일까지 발생한 것이다.

나는 과감하게 공장을 정리해 나가기 시작했다. 다시 검토해서 실력 있는 공장 외에는 모두 거래를 끊고, 철저하게 제품 생산 능력을 따져 11개의 공장만 남겨 놓았다.

그런 후에 다시 검사원들을 불러 말했다.

"어떠한 경우라도 당신들이 불합격시킨 제품은 불합격이오. 누구도 당신들의 판단에 이의를 제기할 수 없다는 것을 명심하시오. 당신들은 회사를 지키는 최후의 보루라는 자긍심을 갖고 앞으로도 최선을 다해 주기 바라오."

그 후 스포츠 사업본부에서는 검사원들이 엄격한 검사를 마친 제품을 내보내게 되었고 공장 또한 철저하고 세밀한 작업을 통해 불량품을 줄일 수 있게 되었다. 검사원들도 보람을 되찾았다. 정도를 걷지 않으면 반드시 문제가 생기게 마련이다.

'함께 잘사는 길'은 윤리 경영에 있다

우리의 제품을 생산하는 공장이나 우리에게 부자재를 공급하는 회사들은 우리와 대등한 협력관계라야 한다. 정당하게 일을 주고 그에 따른 합당한 대가를 지불하는 관계여야 모두 다 함께 잘될 수 있다.

협력업체는 적자를 내든 말든 우리만 이익을 보면 그만이라는 식의 태도로는 결코 성공할 수 없다. 협력업체의 손실은 결과적으로 우리에게도 손실이다.

언젠가 기계도 몇 대 없고 직원도 몇 명 되지 않는 아주 작은 공장의 사장이 회사를 방문했을 때의 일이다. 그를 대하는 우리 직원의 태도가 무척 오만한 듯 느껴졌다. 우연히 그 장면을 목격한 뒤 무척 화를 냈던 기억이 난다.

"다른 사람을 대접할 줄 알아야 내가 대접 받을 수 있는 거다. 너희들이 어딜 가든 대접받고 싶다면 먼저 남을 배려하는 습관을 가져야 해. 저 분은 우리 회사와 협력관계에 있는 업체의 사장님이시다. 너희들이 마땅히 존중해 드려야 하고 배려해야 하는데도 마치 부하직원 대하듯 행동하는 것은 절대 용서 못해."

그 후 우리 직원들의 협력업체 관계자들을 대하는 태도가 조금씩 바뀌었다. 협력업체를 파트너라고 생각하고 존중할 때, 그들도 정직하게 우리와 함께 일할 수 있을 것이다.

나는 ON&ON 가족들에게 언제나 이렇게 말한다.

"우리 기업이 성공하기 위해서는 우리와 협력관계에 있는 업체들도 잘되어야 한다는 것을 잊지 맙시다."

모두 함께 잘사는 길을 모색하는 것, 이것이 바로 윤리 경영의 시작이자 목표지점이다.

6부

너와 내가 아닌 우리를 위해

우리는 글로벌 빌리지(global village)에서 글로벌 시티즌(global citizen)으로 살아야 하는 시대를 살고 있다. 글로벌 마케팅, 글로벌 소싱(global sourcing)을 하며 세계의 브랜드들과 무한경쟁을 벌여야 하는 상황이다. 지구촌이라는 거대한 시장을 슬기롭게 경영하지 않으면 안 된다. 국경을 넘나들며 비즈니스를 한다는 것은 생각만큼 간단하지도 않고, 도처에 도사리고 있는 수많은 위험도 감내해야 한다. 이때 비슷한 분야에서 일을 하는 기업들이 서로의 경험과 노하우를 공유할 수 있다면 그만큼 리스크를 줄일 수 있을 것이다. 이러한 뜻에서 나는 중국에서의 경험을 경쟁사를 불문하고 있는 그대로 공개해 왔고 앞으로도 그렇게 할 것이다. 물론 타사의 경험도 되도록 많이 듣고 싶다. 다른 기업에 우리 정보를 공개하는 것에 대해 처음에는 임원들마저 꺼리고 반대했지만 나는 개의치 않았다. 해외에서 한국 브랜드들이 선전하면, 음으로 양으로 다 같이 이익을 보는 것이라고 믿고 있었기 때문이다. 중국 어패럴 시장은 한국보다 4, 5배 정도 크며 매년 20~25퍼센트 정도 성장하고 있다. 대략 한국 전체 시장만 한 규모의 시장이 해마다 하나씩 생겨나는 것이다. 아무리 열심히 한들 한 회사가 그 시장을 다 점유할 수는 없다. 대신 다른 나라 브랜드 몫을 우리가 좀 더 나눌 수 있다면 얼마나 좋겠는가? 서로 정보를 공유하면서 상생의 길을 가는 것이야말로 진정한 승리의 법칙이 아니겠는가. 지금 일등 하는 기업이 반드시 일류회사는 아닐 것이다. 또 그 기업이 계속 일등 하리라는 보장도 없다. 나는 일등기업보다는 일류기업을 만들고 싶다. 그러려면 기업에 반드시 무언가 다른 정신세계가 있어야 한다. 기업의 가치는 기업 활동으로 그 사회에 얼마나 공헌할 수 있느냐에 달려 있다. 그것이야말로 기업이 사회에 존재해야 하는 이유다. 고용 창출이나 상품 공급 같은 차원을 넘어 구성원 한 사람 한 사람이 가슴 속에 사회에 도움이 되는 사람이 되고자 하는 마인드로 살아가도록 돕는 것이야말로 더욱 의미 있는 가치를 창조하는 일이다. 우리는 비록 규모가 크지는 않지만 형편이 어려운 학생들에게 장학금을 주고, 생활이 힘든 사람들에게 매월 생활보조금을 지급하고, 자원봉사 동아리를 통해 사랑의 집짓기 운동에 참여하고, 퇴근 후 극빈층의 어린 학생들을 위한 야학을 운영하고, 동전 모으기로 유니세프 활동에 참여하고, 대학 재학생 인턴십 멘토링 프로그램을 진행하고, 전국대학해셔모니터연합(KFMA) 학생들을 위한 6개월 무료교육을 실시하는 등 다양한 일들을 하고 있다. 떠들썩한 활동은 순수한 본래 의도를 훼손하는 것 같아 우리끼리만 소리 없이 자긍심을 갖고 실천하고 있다. 이런 아름다운 마음들이 모여 참된 기업문화를 지닌 일류기업으로 성장해 나가리라고 확신한다. 이웃을 배려하고 사랑할 줄 아는 회사, 사회로부터 존경받고 소비자에게서 사랑받을 수 있는 회사. 이런 회사가 우리가 꿈꾸고 지금 만들어 가고 있는 우리의 얼굴이다. 기업의 이윤 창출이 중요하지 않다는 의미는 물론 아니다. 기업은 그 이상의 가치를 창조해야 한다는 말이다. 건전한 기업문화가 정착되면 정신적으로 자성능력이 생겨서 그것이 기업 발전의 엔진 역할을 하리라 믿는다. 문화란 눈으로 볼 수도 없고 손으로 만질 수도 없지만, 이 무형 자산은 거액의 자금 이상의 가치를 지닌다. 그래서 나는 늘 우리 직원들에게 다음과 같이 당부한다. 첫째, 가치를 아는 회사가 되게 하자. 다소 미련해 보이는 삶의 가치, 최선을 다하는 삶의 가치, 겸손한 삶의 가치, 지금 당장의 가치와 미래의 가치, 정직과 성실의 가치, 남을 배려하는 삶의 가치 등을 올바르게 이해하는 회사가 되자. 둘째, 배우며 일하고 일하며 배우는 회사가 되자. 시대가 급변하고 있다. 우리는 지금 정보의 홍수 속에서 살아가고 있다. 낙오하지 않으려면 끊임없이 배워야 한다. 외국어도 열심히 익혀야 하고 새로운 정보도 계속 흡수하려면 책도 많이 읽어야 한다. 개인의 발전은 곧 회사의 발전이고 국가의 발전이다. 셋째, 신뢰를 모든 것의 기초로 삼는 회사가 되자. 사람은 사회적 동물이다. 우리는 서로 관계를 만들어 가며 상호작용을 한다. 동료 간, 상하 간 또는 거래처 사이에서 신뢰만큼 값진 것은 없다. 신뢰가 없으면 아무 일도 도모할 수 없다. 그 중요성은 아무리 강조해도 지나치지 않다. 넷째, 일등보다는 일류를 지향하는 회사가 되자. 기업이기 때문에 물론 돈을 벌어야 한다. 이윤의 창출은 기업이 존립하고 발전하기 위해 기본적으로 필요하다. 하지만 이윤 창출이 곧 최고의 가치는 아니다. 건강한 정신세계를 공유할 수 있는 회사가 되면 그것이 지속적인 성장동력으로 작용하리라 믿는다. 다섯째, 사회에 공헌하는 회사가 되자. 뜻만 있으면 기업이 할 수 있는 일은 얼마든지 있다. 구성원 모두 항상 어떤 모습으로 사회에 필요한 사람이 될 것인지, 어떻게 사회에 도움이 되는 기업을 만들어 갈 것인지를 고민하며 일하는 회사가 되자. 고향인 양주를 떠나 이사할 때 아버지는 이미 환갑을 넘기신 터라 더 이상 일을 하실 수 없었다. 살림은 대학을 다니던 내가 벌어 온 과외 수업료나 누님들에게 약간의 도움을 받아 꾸려 가는 정도였다. 형편이 그렇다 보니 결국 동생은 고등학교 진학을 포기했다. 부모님께 내가 학업을 포기하고 돈을 벌어 동생을 가르치겠다고 말씀드렸으나 절대로 안 된다며 성을 내셨다. 시집간 누님들까지 한거번에 달려와서 장남이 학업을 포기하면 우리 집이 어찌 되겠느냐며 말렸다. 결국 나 대신 동생이 취직을 하게 되었다. 동생이 가장 먼저 취직한 곳은 청계천 4가 수도직물이었다. 동생을 생활전선에 내놓고 걱정이 앞섰던 나는 동생을 만나러 갔다. 시장의 원단가게가 즐비한 골목에 들어섰을 때, 어디선가 종소리가 들려왔다. 나는 무심결에 종소리가 나는 쪽으로 고개를 돌렸다. 순간 가슴이 콱 막히는 듯한 아픔을 느꼈다. 시장 한복판에서 동생이 손님들을 끌기 위해 종을 치고 있었다. '아직 어

1

사랑하는 나의 가족

나이를 먹어서일까. 요즘 들어 부쩍 10년 전에 세상을 떠난 동생 생각이 많이 난다. 하루하루 바쁘게 살다 보니 어느새 동생을 추억하는 일에 소홀했다는 자책도 하게 된다. 동생은 죽기 전까지 세중 여행사 상무로 근무하면서 누구보다도 정직하고 성실하게 살았던 것 같다.

동생의 병명은 간경화였다. 동생을 먼저 저 세상에 보내고 난 후의 슬픔은 이루 말할 수 없을 정도였다. 동생을 아버지 옆에 묻고 돌아서는데 너무도 가슴이 아팠다. 그때는 정말 한시도 잊을 수 없을 것 같던 동생의 얼굴이 요즘 들어 조금씩 가물가물해진다. 세월은 상처를 아물게도 해 주지만, 잊고 싶지 않은 추억마저도 조금씩 바래게 하는 것 같다.

자랑스러운 나의 동생

동생의 묘소를 찾았을 때다. 누가 먼저 왔다 갔는지 동생의 묘 앞에는 꽃다발과 술병이 놓여 있었다.

술을 뿌린 흔적이 남아 있는 것으로 보아 다녀간 지 얼마 되지 않은 듯했다. 함께 간 가족들도 짐작되는 사람이 없다고 했다. 가족이 다녀갔다면 누군지 알 수 있을 텐데 다들 생각나는 사람이 없다고 했다. 고향에 살고 있던 사촌동생에게 물어보아도 모른다고 했다. 단지 매년 기일 전후 추석 때면 누군가 다녀간다고 했다.

"벌써 몇 년째인지 몰라요. 때만 되면 누가 왔다 가기는 하는데 한 번도 얼굴을 마주칠 수가 없으니 저도 몹시 궁금해 하던 참이에요."

도대체 누가 동생의 묘지에 몰래 다녀간 것일까. 혹시 첫사랑? 그렇다고 해도 매년 기일마다 찾아오는 것은 무리일 것 같았다. 나는 혼자서 별의별 상상을 다했다. 그리고 사촌동생에게 그들이 올 때쯤 되면 기다렸다가라도 차 한 잔 따뜻하게 대접하고 고맙다는 인사라도 전하라고 당부했다. 몇 달 후 사촌동생에게서 전화가 왔다. 네 명의 남자와 한 명의 여자. 그들의 전화번호까지 알아 놓았다고 했다. 그들을 만날 생각을 하니 가슴이 두근거렸다.

나는 그들을 한 음식점에서 만났다. 인사가 오가고 이야기를 나누면서 그들이 동생의 부하직원이었다는 사실을 알게 되었다.

"부하직원이라고 해도 그렇지, 세상을 떠난 상사의 묘를 찾는 일은 그렇게 쉬운 일이 아니지 않은가? 더구나 그것도 매년…."

다섯 사람은 모두 똑같이 대답했다. 다녀와야 마음이 편하다고들 했다.

"상무님 은혜는 평생을 갚아도 다 못 갚을 거예요. 앞으로도 꼭 다녀올 겁니다."

그러면서 부하직원들의 집안에 어려운 일이 생겼을 때 힘껏 도와주고, 실수를 해도 남들 보지 않는 자리에서 조용히 타이르는 훌륭한 상사였다고 했다. 하고 싶은 말이 많다고 하면서도 말을 아끼는 그들에게 나도 더 이상 묻지 않았다. 듣지 않아도 살아생전 동생의 반듯한 삶을 느낄 수 있었기 때문이다. 너무도 감사하고 기뻤다. 1년에 한 번이라도 그들과 자리를 함께하고 싶다.

가난한 날의 가르침

고향인 양주를 떠나 이사할 때 아버지는 이미 환갑을 넘기신 터라 더 이상 일을 하실 수 없었다. 살림은 대학을 다니던 내가 벌어 온 과외 수업료나 누님들에게 약간의 도움을 받아 꾸려 가는 정도였다. 형편이 그렇다 보니 결국 동생은 고등학교 진학을 포기했다. 부모님께 내가 학업을 포기하고 돈을 벌어 동생을 가르치겠다고 말씀드렸으나 절대로 안 된다며 성을 내셨다. 시집간 누님들까지 한꺼번에 달려와서 장남이 학업을 포기하면 우리 집이 어찌 되겠느냐며 말렸다.

결국 나 대신 동생이 취직을 하게 되었다. 동생이 가장 먼저 취직한 곳은 청계천 4가 수도직물이었다. 동생을 생활전선에 내놓고 걱정이 앞섰던 나는 동생을 만나러 갔다.

시장의 원단가게가 즐비한 골목에 들어섰을 때, 어디선가 종소리가 들려왔다. 나는 무심결에 종소리가 나는 쪽으로 고개를 돌렸다. 순간 가슴이 콱 막히는 듯한 아픔을 느꼈다. 시장 한복판에서 동생이 손님들을 끌기 위해 종을 치고 있었다.

'아직 어린 아인데…'

가슴이 미어지는 것 같았다. 한창 공부할 나이에 시장 한복판에서 우스꽝스러운 제복을 입고 종을 치고 있는 동생을 보고 있자니 마음이 너무 아팠다. 나는 동생이 알아볼까 싶어 얼른 골목 쪽으로 몸을 숨겼다. 몸을 숨긴 채 동생을 보고 있으려니 나도 모르게 눈물이 쏟아져 나왔다. 지금 당장 동생의 손목을 잡아끌어 집에 데려가고 싶은 심정이었다.

그 순간 나는 동생이 다시 공부할 수 있게 하겠다고 다짐했다. 그래서 아는 분의 연줄로 다시 동생을 철원 운천에 있는 미군부대에서 일하도록 했다. 번듯한 직업이 아닌 구두닦이였다.

"가서 영어만 제대로 배워."

"내가 어떻게 영어를 배워?"

"미리 안 된다고 속단하지 말고."

절절한 마음으로 설득하자 동생이 겨우 고개를 끄덕였다.

부대에서 하버드대학 출신의 미군 장교를 만난 동생은 다짜고짜 영어를 가르쳐 달라고 했단다. 당황한 장교는 동생의 청을 거절했다. 한국의 어린 구두닦이가 무턱대고 영어를 가르쳐 달라고 하니 귀찮았을 것이다. 하지만 동생은 포기하지 않고 매달렸다. 장교를 만날 때마다 조르고 졸랐다.

결국 동생의 끈기에 감복한 그는 승낙을 했고, 동생은 그를 형이라고 부르며 붙임성 있게 대했다. 이후 두 사람은 막역한 사이가 되었다. 장교는 동생에게 매일 매일 영어 일기를 쓰게 했고 동생이 쓴 일기를 장교가 고쳐 주기도 했다.

그렇게 해서 동생의 영어 실력이 차츰 좋아지기 시작했다. 구두닦이로 일한 지 3년쯤 지나자 동생의 영어 발음은 완벽한 수준에 도달해 있었다. 그때의 공부를 바탕으로, 동생은 검정고시로 고등학교를 졸업하고 중앙대학교 사범대에 합격했다.

동생은 여행사에서도 영어를 제일 잘하는 사람으로 통했다. 아직도 나는 늘 동생에게 미안하고 죄스럽다. 직원들을 가족처럼 대하는 것도 다시는 그런 후회를 남기지 않기 위해서인지도 모른다.

어떤 면에서 동생은 오늘의 나를 있게 한 원천이기도 하다. 동생에 대한 염려가 나를 더욱 성실하게 살도록 했고 흐트러지려는 나 자신을 바로잡도록 도와주었다.

성공하기 위해서는 누구보다 가족의 사랑이 가장 중요하다는 사실을 새삼 깨닫게 된다. 부모, 형제, 아내, 집안 어른 그리고 자식들까지, 가족은 내가 더욱 열심히 일할 수 있는 힘이다.

등록금 좀 대신 내게 해 주세요

셋째 누님만 생각하면 가슴이 따뜻해진다. 나보다 12살 많은 셋째 누님은 부평에 살고 계신데 내년이면 희수시다. 나는 시골 학교에서 6학년 2학기 때 서울 돈암국민학교로 전학 와 대학을 졸업할 때까지 10여 년간 셋째 누님의 많은 보살핌을 받았다. 그때부터 셋째 누님은 나의 든든한 후원자였다.

누님이 안암동에 사실 때는 친구들과 우르르 몰려가서 밥을 얻어먹기도 했다. 그래도 단 한 번도 소홀히 대하신 적이 없었다. 너무 잘해 주시니 친구들이 자주 가자고 조를 정도였다. 지금도 그때 친구들끼리 모이면 종종 누님 얘기를 한다.

매형은 자동차 정비사였는데 성실한 분이셨다. 정도 아주 많고 유난히도 처가 식구들을 좋아하셨다. 나도 아르바이트를 하기는 했지만 대학 시절 등록금이 모자랄 때 매형 도움을 많이 받았다.

매형을 생각하면 늘 떠오르는 장면이 있다. 부산 출장소 시절, 어느 무더운 여름 일요일이었다. 서울로 올라와 정오가 조금 지날 무렵 누님 댁을 찾았다. 마침 마루에서 쌈을 싸서 점심을 들고 계시던 매형이 맨발로 뛰어 내려와 나를 반갑게 맞아 주셨다.

그런데 매형은 안타깝게도 내가 코오롱에 입사한 지 3년 만에 돌아가셨다. 미처 은혜를 갚기도 전에 멀리 떠나신 것이다. 살아 계시다면 부모님처럼 생각하고 모실 텐데 안타깝기만 하다. 돈을 벌면 꼭 자동차 정비소를 차려 드리겠다고 마음으로 약속했었는데 지키지 못하고 말았다.

누님은 내게 언제나 어머니 같은 분이었다. 결혼하기 전에 아내를 누님에게 인사시키며 나는 이렇게 말했다.

"누님은 내게 어머니와 같은 분이니 당신도 내 마음처럼 누님을 생각해 주었으면 좋겠소."

결혼해서 지금까지 아내는 내 마음처럼 누님을 생각한다. 이런 아내가 참 감사하다.

누님께 받은 은혜를 조금이라도 갚고자 조카들이 학교 다닐 때 학비라도 조금 보태려고 하면 누님은 한사코 거절만 하셨다. 고맙기는 하지만 아직 능력이 되니 받지 않겠다는 것이었다. 그럴 때면 매형 생각이 나시는지 눈물을 보이셨다.

"누님, 조카 등록금 좀 내게 해 주세요."

"너한테 애들 등록금 신세 질 만큼 어렵지 않아. 만일 내가 정말로 어려우면 그때 네게 얘기를 하마."

급기야 조카가 졸업을 앞둔 마지막 학기에 나는 통사정을 했다.

"제발 누님, 한 번만이라도 조카 등록금 좀 제가 낼 수 있게 해 주세요. 딱 한 번만 좀 받아 주세요."

그렇게 해서 겨우 한 번 내 뜻을 이룰 수 있었다.

고난을 나눌 줄 아는 형제

내게는 셋째 누님 같은 분이 또 한 분 계시다. 바로 넷째 숙모님이시다.

아버지는 고향인 양주에 계실 때 면장을 지내셨다. 다들 어려운 시절, 농사를 지을 수 있도록 정부에서 농협을 통해 비료를 나누어 주었다. 그냥 주는 것은 아니고 먼저 비료를 가져다 쓰고 가을에 추수해서 갚는 식이었는데, 아버지가 농협에 보증을 서서 비료를 받아 왔던 것 같다.

그런데 그해 가을 흉년이 들었다. 추수가 시원치 않아 비료 대금이 3분의 1밖에 걷히지 않았는데 아버지가 보증인인 까닭에 집을 압류 당했다. 내가 중학교 3학년 되던 해 겨울이었던 것으로 기억한다.

그러던 어느 날이었다. 아침 일찍 넷째 숙부님 내외분께서 오셨다.

"형님, 제 논을 팔아서 빚 먼저 정리하세요."

아버지는 그럴 수 없다고 반대하셨다. 그때 옆에 계시던 넷째 숙모님께서 말씀하셨다.

"아주버님, 그렇게 하세요. 큰집이 편해야 다들 편하지 않겠습니까."

나는 그때 형제의 진정한 의미를 깨달았다. 막 사춘기에 접어들었던 나는 그날 무척 감동을 받았다. 가슴이 뭉클했다. 그날의 감동을 잊지 않고 있던 나는 고등학교 1학년 때 그때 느낌을 편지에 써서 넷째 숙모님께 드린 적이 있다.

숙모님은 종종 그 편지를 내 또래의 형제들이나 조카들에게 보이며 집안의 가풍에 대해 말씀하셨다. 지금은 시골집에 불이 나는 바람에 편지가 사라져 버렸지만, 아직도 이따금 편지 얘기를 하신다. 여든 일곱이신 지금도 말이다.

특히 내가 숙모님에게 큰 감동을 받은 이유는 숙부님은 피를 나눈 형제지만 숙모님은 그렇지 않기 때문이었다. 옛말에 집안에 사람이 잘못 들어오면 집안이 망한다고 했다. 종종 형제간에 법정까지 가서 재산 싸움하는 모습을 보면 숙모님 생각이 나면서 입안이 씁쓸해진다.

부모님 산소를 다녀올 때마다 나는 차 속에서 며느리들에게 그 얘기를 종종 들려준다. 형제의 진정한 의미를 일깨워 주기 위해서다. 숙모님은 비록 체구도 작으시고 크게 배우지는 못하셨지만 내 가슴속에는 태산과도 같이, 태평양 바다와도 같이 자리하고 계시다.

사람이란 참 재미있다. 베푼 것은 오래도록 잘 기억하면서 은혜를 입은 것은 쉽게 잊어버린다. 나는 늘 직원들에게는 물론 가족들에게도 베푼 것은 잊고 은혜는 언제까지나 기억하라고 당부한다.

위계질서가 바로 서야 나라가 바로 선다

어린 시절 아버지는 내 자식, 조카자식 구분 없이 엄하게 가르치셨다. 6형제분들의 소생이 아들 13명, 딸 14명이다. 그들이 장성해서 자손들도 많이 태어났다.

살다 보면 사회적으로 아우가 형보다 더 잘되는 경우도 많다. 그러나 어떤 경우든 가족이라는 혈연사회에서는 분명 형은 형, 아우는 아우여야 집안이 바로 선다고 생각한다.

그런 까닭에 우리 종형제들은 다른 집안의 사촌들과는 달리 지금도 친형제와 다름없이 지내고 있다. 그리고 설날 하루만은 하루를 먼저 태어났어도 조카들 보는 앞에서 서로 큰절을 주고받는다.

무언중에 조카들에게 혈연사회에서의 위계질서를 가르치기 위함이다. 세상이 바뀌어도 우리의 좋은 점은 그대로 유지, 계승되었으면 한다. 각계 원로들이 원로로서 대접 받는 사회가 되어야 나라가 바로 서지 않을까 생각해 본다.

2

모든 걸 가르쳐 드리겠소

우리는 글로벌 빌리지(global village)에서 글로벌 시티즌(global citizen)으로 살아야 하는 시대를 살고 있다. 글로벌 마케팅, 글로벌 소싱(global sourcing)을 하며 세계의 브랜드들과 무한경쟁을 벌여야 하는 상황이다. 지구촌이라는 거대한 시장을 슬기롭게 경영하지 않으면 안 된다. 국경을 넘나들며 비즈니스를 한다는 것은 생각만큼 간단하지도 않고, 도처에 도사리고 있는 수많은 위험도 감내해야 한다.

이때 비슷한 분야에서 일을 하는 기업들이 서로의 경험과 노하우를 공유할 수 있다면 그만큼 리스크를 줄일 수 있을 것이다. 이러한 뜻에서 나는 중국에서의 경험을 경쟁사를 불문하고 있는 그대로 공개해 왔고 앞으로도 그렇게 할 것이다.

물론 타사의 경험도 되도록 많이 듣고 싶다. 다른 기업에 우리 정보

를 공개하는 것에 대해 처음에는 임원들마저 꺼리고 반대했지만 나는
개의치 않았다. 해외에서 한국 브랜드들이 선전하면, 음으로 양으로
다 같이 이익을 보는 것이라고 믿고 있었기 때문이다.

중국 어패럴 시장은 한국보다 4, 5배 정도 크며 매년 20~25퍼센트
정도 성장하고 있다. 대략 한국 전체 시장만 한 규모의 시장이 해마다
하나씩 생겨나는 것이다. 아무리 열심히 한들 한 회사가 그 시장을 다
점유할 수는 없다. 대신 다른 나라 브랜드 몫을 우리가 좀 더 나눌 수
있다면 얼마나 좋겠는가? 서로 정보를 공유하면서 상생의 길을 가는
것이야말로 진정한 승리의 법칙이 아니겠는가.

일등이 아닌 일류를 지향하라

지금 일등 하는 기업이 반드시 일류회사는 아닐 것이다. 또 그 기업
이 계속 일등 하리라는 보장도 없다. 나는 일등기업보다는 일류기업을
만들고 싶다. 그러려면 기업에 반드시 무언가 다른 정신세계가 있어야
한다.

기업의 가치는 기업 활동으로 그 사회에 얼마나 공헌할 수 있느냐에
달려 있다. 그것이야말로 기업이 사회에 존재해야 하는 이유다. 고용
창출이나 상품 공급 같은 차원을 넘어 구성원 한 사람 한 사람이 가슴
속에 사회에 도움이 되는 사람이 되고자 하는 마인드로 살아가도록 돕
는 것이야말로 더욱 의미 있는 가치를 창조하는 일이다.

우리는 비록 규모가 크지는 않지만 형편이 어려운 학생들에게 장학
금을 주고, 생활이 힘든 사람들에게 매월 생활보조금을 지급하고, 자
원봉사 동아리를 통해 사랑의 집짓기 운동에 참여하고, 퇴근 후 극빈
층의 어린 학생들을 위한 야학을 운영하고, 동전 모으기로 유니세프

활동에 참여하고, 대학 재학생 인턴십 멘토링 프로그램을 진행하고, 전국대학패션모니터연합(KFMA) 학생들을 위한 6개월 무료교육을 실시하는 등 다양한 일들을 하고 있다.

떠들썩한 활동은 순수한 본래 의도를 훼손하는 것 같아 우리끼리만 소리 없이 자긍심을 갖고 실천하고 있다. 이런 아름다운 마음들이 모여 참된 기업문화를 지닌 일류기업으로 성장해 나가리라고 확신한다.

이웃을 배려하고 사랑할 줄 아는 회사, 사회로부터 존경받고 소비자에게서 사랑받을 수 있는 회사. 이런 회사가 우리가 꿈꾸고 지금 만들어 가고 있는 우리의 얼굴이다.

기업의 이윤 창출이 중요하지 않다는 의미는 물론 아니다. 기업은 그 이상의 가치를 창조해야 한다는 말이다.

무형의 자산을 키우기 위한 5가지 지침

건전한 기업문화가 정착되면 정신적으로 자성능력이 생겨서 그것이 기업 발전의 엔진 역할을 하리라 믿는다. 문화란 눈으로 볼 수도 없고 손으로 만질 수도 없지만, 이 무형 자산은 거액의 자금 이상의 가치를 지닌다. 그래서 나는 늘 우리 직원들에게 다음과 같이 당부한다.

첫째, 가치를 아는 회사가 되자. 다소 미련해 보이는 삶의 가치, 최선을 다하는 삶의 가치, 겸손한 삶의 가치, 지금 당장의 가치와 미래의 가치, 정직과 성실의 가치, 남을 배려하는 삶의 가치 등을 올바르게 이해하는 회사가 되자.

둘째, 배우며 일하고 일하며 배우는 회사가 되자. 시대가 급변하고 있다. 우리는 지금 정보의 홍수 속에서 살아가고 있다. 낙오하지 않으려면 끊임없이 배워야 한다. 외국어도 열심히 익혀야 하고 새로운 정보도 계속 흡수하려면 책도 많이 읽어야 한다. 개인의 발전은 곧 회사의 발전이고 국가의 발전이다.

셋째, 신뢰를 모든 것의 기초로 삼는 회사가 되자. 사람은 사회적 동물이다. 우리는 서로 관계를 만들어 가며 상호작용을 한다. 동료 간, 상하 간 또는 거래처 사이에서 신뢰만큼 값진 것은 없다. 신뢰가 없으면 아무 일도 도모할 수 없다. 그 중요성은 아무리 강조해도 지나치지 않다.

넷째, 일등보다는 일류를 지향하는 회사가 되자. 기업이기 때문에 물론 돈을 벌어야 한다. 이윤의 창출은 기업이 존립하고 발전하기 위해 기본적으로 필요하다. 하지만 이윤 창출이 곧 최고의 가치는 아니다. 건강한 정신세계를 공유할 수 있는 회사가 되면 그것이 지속적인 성장동력으로 작용하리라 믿는다.

다섯째, 사회에 공헌하는 회사가 되자. 뜻만 있으면 기업이 할 수 있는 일은 얼마든지 있다. 구성원 모두 항상 어떤 모습으로 사회에 필요한 사람이 될 것인지, 어떻게 사회에 도움이 되는 기업을 만들어 갈 것인지를 고민하며 일하는 회사가 되자.

3

21세기 한국, 인재육성에 달려 있다

한국인들끼리 경쟁하던 시대는 지났다. 앞으로는 세계인들을 상대로 경쟁해야 한다. 나는 늘 직원들에게 새로운 지식을 쌓는 일에 소홀해서는 안 된다고 강조한다. 《한서(漢書)》를 보면 '사자천금 불여교자일예(賜子千金 不如敎子一藝)'라는 구절이 나온다. '자식에게 천금을 주는 것보다 한 가지 기술을 가르쳐 주는 게 더 낫다'는 말이다. 인재를 육성하는 교육에 투자하는 것이야말로 가장 효과적이고 가치 있는 투자라는 사실을 성공한 기업가들은 잘 알고 있을 것이다.

나와 닮은 사람

2005년 9월, 미국에서 이메일이 왔다. 뉴포트라는 회사에서 온 편지로, 한국인 스태프들과 함께 한국으로 워크숍을 가는데 특강을 해 달라는 내용이었다. 그런데 아무리 생각해 봐도 뉴포트라는 회사도 기억이 나질 않고, 메일을 보내온 사람도 처음 본 이름이었다. 나는 어떻게 나를 알게 되었는지 물었다. 바로 답장이 왔는데, 지인인 연세대학교의 이주연 교수가 소개했다고 했다. 나는 강연을 하겠다고 메일을 보냈다. 15명이나 되는 스태프를 한국에까지 데려와 교육시키겠다는 오너라면, 왠지 나와 비슷한 사람일 것 같았다.

얼마 후 그들의 교육장을 찾았다. 강화도 덕진진 조그만 산봉우리에 있는 두 채의 한옥이 그들의 교육장 겸 숙소였다. 한옥의 구조를 살펴보니 못 하나 박지 않고 전통방식으로 지은 그야말로 우리 고유의 한옥이었다. 어떻게 이런 교육장을 빌렸나 싶어 물었더니, 놀랍게도 오너가 직접 땅을 사서 지었다고 했다. 교육장 내부도 특이했다. 마치 옛날 서당 같았다. 나는 훈장처럼 조금 큰 탁자를 앞에 두고 앉아 특강을 시작했다. 개량 한복을 입은 15명의 스태프들은 모두 열심히 경청했다. 철저하게 한국식을 추구하겠다는 오너의 의지가 엿보였다.

특강을 마친 후 뉴포트 오너와 이런저런 얘기를 나누었다. 처음 느낌대로 우리는 닮은 점이 참 많았다. 관심 분야가 같으니 이야기가 잘 통했고 가치관도 공통점이 많아 무척 편하게 대화할 수 있었다.

그와 나는 그 후에도 계속 교분을 유지하고 있다. 재미있는 사실은 그날 나의 특강 내용이 평소 자신이 직원들에게 하던 얘기와 많이 비슷하더라는 것이었다. 자기가 말할 때는 별로 새겨듣는 것 같지 않더니 내가 해 주는 이야기에는 굉장히 흥미로워 하더라며 웃음을 지었다.

나도 비슷한 경험을 한 적이 있다. 똑같은 얘기라도 내가 하면 크게 반응을 보이지 않던 직원들이 외부 초청 인사의 특강을 들을 때는 같은 얘기인데도 바로 호응을 했다. 내 부모의 당부는 잔소리처럼 들리고, 남이 하는 말은 귀담아 듣는 심리와 같은 이치라는 생각이 들었다. 뉴포트 오너는 직원들에게서 깊은 존경을 받고 있었다. 존경심이나 힘은 직위에서 나오지 않는다. 상대방을 인정하고 존중하며 겸손하고 매사에 최선을 다하는 모습에서 비롯된다. 뉴포트 오너는 그런 이미지로 나에게 다가왔다.

조직을 위해 사장이 할 일이 무엇인가에 대해서도 이야기를 나누었다. 우리의 의견은 똑같았다. 인재를 키워야 한다는 것이다.

"인재란 저절로 만들어지지 않는다. 글로벌 시대에 살아남으려면 유능한 인재만이 가장 강력한 경쟁력이 된다. 직원들을 연수 보내고 다양한 교육을 지원하는 것은 단기적으로는 비용 부담이 크지만, 장기적으로 보면 대단히 가치 있는 투자다."

그와 나는 생각이 같았다.

강대국과 약소국의 차이점은 무엇일까? 21세기에는 얼마나 많은 인재와 탁월한 기술을 갖고 있느냐가 국가 경쟁력을 결정한다. 회사도 마찬가지다. 많은 인재를 거느린 회사가 성공한다. 이미 준비된 훌륭한 인재가 우리 회사에 들어와 주기를 바라는 오너는 어리석은 사람이다. 설령 뛰어난 인재가 들어왔다고 해도 그 사람이 꾸준히 자기 계발을 할 수 있는 여건을 마련해 주지 않으면 금세 둔재가 되고 말 것이다.

'국지강약 부재갑병 부재금곡 독재인재지다소(國之强弱 不在甲兵 不在金穀 獨在人材之多少)'라 했다. 나라의 강하고 약함은 군대에 있는 것도 아니고 자원에 있는 것도 아니다. 오로지 인재가 얼마나 많고 적으냐에 달려 있다.

교육은 최고의 투자

우리 회사 직원들도 처음에는 "어휴, 일도 바쁜데 무슨 교육이야."
라며 짜증을 내기도 했다. 하지만 2년 정도 지나자 스스로 교육의 중
요성을 깨닫게 되었다. 자기 계발을 하지 않으면 결국 도태된다는 사
실을 자각하게 된 것이다.

"회사 생활하면서도 여러 가지를 배울 수 있다는 게 좋아요."

어느 디자이너가 내게 한 말이다. 직원들이 끊임없이 자기 계발을
할 수 있는 여건을 마련해 주는 것은 경영자의 중요한 역할이다. 요즘
도 한 달에 한두 번 전 직원들에게 가치관, 인생관 또는 블루오션 같은
개념에 대해 함께 생각해 볼 수 있는 시간을 마련하고 있다.

또한 우리 회사에서는 자체적으로 사원들에게 외국어 교육을 하고
있다. 하지만 단순히 강의만으로는 무언가 부족한 듯했다. 그래서 직
원들에게 적극적으로 어학연수를 추천했다. 그러나 정작 선뜻 나서는
사람이 없었다. 어학연수를 마치고 돌아오면 자기 자리가 사라지고 없
을까 봐 두려웠던 것이다. 또 어학연수를 가려면 당연히 회사에 사표
를 내야 하는 것으로 알고 있는 직원도 있었다. 그러니 누가 어렵게 취
직한 회사를 포기하고 선뜻 어학연수를 받으러 떠나겠는가.

그래서 나는 연수기간을 휴직으로 처리하겠다고 말했다. 그제야 망
설이던 직원들이 하나 둘 희망 의사를 밝혀 왔다. 나는 그들에게 월급
의 30퍼센트를 학비로 지급하겠다고 했다. 그 대신 연수기간의 경력은
반만 인정하겠다고 했다. 내 말에 다들 무척 놀라는 표정이었다.

"공부하려면 돈도 좀 있어야 하지 않겠나? 단, 조건이 있어. 앞으로
국제시장에서 비즈니스를 수행하는 데 어려움이 없을 만큼 열심히 뼈
빠지게 배워 와야 하네."

스스로 자기 계발을 하겠다고 나서는 직원들은 회사가 적극적으로 도와야 한다고 생각한다. 단, 지원자가 많을 때는 1년에 서너 명씩 선발해 보낸다. 업무에 지장이 없도록 하는 것도 중요하기 때문이다. 직원들이 어학연수를 떠나면 그 부서의 다른 인력들이 더 고생을 해야 한다. 많은 사람에게 공평하게 기회가 돌아갈 수 있도록 하는 것도 중요하다.

직원들의 외국어 구사 능력에 이토록 관심을 갖는 것은 어찌 보면 당연한 일이다. 말이 통하지 않으면 비즈니스가 성사될 수 없기 때문이다.

"외국어 좀 하세요?"

이제는 인사말처럼 오가는 이 질문에 당신은 뭐라고 대답할 것인가. '예스'인가 '노우'인가. 어떻게 대답하느냐에 따라 인생이 달라질 것이다.

교육으로만 인재가 만들어지는 것은 아니다. 나는 회사 내의 각종 동호회 활동도 적극 지원한다. 우리 회사에는 등산이나 낚시, 영화, 식도락, 사격, 래프팅, 자원봉사 활동 등의 동호회 모임이 활성화되어 있다. 동호회 활동경비 또한 일정액을 회사에서 부담한다. 회사 내에서 업무적으로 만나던 관계에서 벗어나 취미활동이나 자원봉사 등을 함께하면 여러모로 장점이 많다. 직원들끼리 협조가 잘되고 개인과 개인의 벽, 또는 부서와 부서의 벽이 없어진다. 또한 선후배 관계도 더욱 친밀해져 업무도 한층 자유로운 분위기에서 할 수 있게 된다. 자연스럽게 서로가 서로에게 부족한 점이 무엇이었는지 알게 되고, 놀이와 취미를 통해 자신의 단점과 장점을 깨닫게 되는 것이다.

인재를 교육하고 육성하는 일은 결코 소홀히 해서도 안 되고, 회사

사정이 어렵다고 멈춰서도 안 된다. 또 인재를 개발하는 데 드는 비용을 아까워해서도 안 된다. 그들은 단순히 돈 주고 부리는 일꾼이 아니라 우리 회사를 세계시장에 우뚝 세울 소중한 자원이며, 동시에 우리나라를 강대국으로 만들 인재들이기 때문이다.

4

우리 시대의 의무

아시아 경제, 특히 한·중·일 3국의 경제전쟁 판도는 과거와는 완전히 달라졌다. 10년 전만 해도 상상할 수조차 없었던 일이 벌어지고 있다. 부가가치가 낮은 제품을 주로 생산하던 한국이 일본의 전자 산업을 추월하리라고 어느 누가 상상했겠는가. 또 사회주의 체제하에서 지극히 생산성이 저조하던 중국이 세계 유수기업들의 주력 생산 공장으로 급부상하리라는 것을 예견한 사람도 많지 않았다.

그러나 지금 자동차, 석유화학, 철강, 일반기계, 전자 등 한국의 6대 수출산업의 세계 시장 점유율은 중국기업들에 의해 크게 위협받고 있다. 중국의 파죽지세를 당해 내지 못하고 있는 것이다. 또한 우리나라는 중국과 일본 사이에 끼어 양쪽을 함께 상대해야 하는 어려움도 겪고 있다.

눈을 크게 뜨고 현실을 직시하자

한국개발연구원(KDI)에 따르면 17개 부문 제조업의 경쟁력을 비교한 결과, 한국이 우위를 보이고 있는 산업은 6개, 중국은 7개, 일본은 9개였다. 그러나 시간이 흐를수록 한국의 경쟁우위 산업은 계속 줄어들 수 있다는 전망이 나오고 있다. 10년 전만 해도 한국은 8개 부문에서 우위를 점하고 있었다.

우리나라는 가격 경쟁력 면에서 중국에 크게 뒤떨어진다. 저임금의 풍부한 노동시장과 국가적 지원 등, 원가 경쟁력이 높은 중국을 따라잡기는 힘들다. 그렇다면 어떻게 중국의 추격을 따돌릴 것인가. 방법은 오로지 기술뿐이다. 중국도 기술 개발에 박차를 가하고 있다는 점을 감안하면 기술력 확보에 더욱 속도를 내지 않으면 안 된다.

한국산업연구원의 조사결과, 중국과 한국의 기술 격차는 불과 4년 정도라고 한다. 더욱 힘차게 달리지 않으면 앞으로 어떻게 될지 아무도 모른다. 일본 따라잡기도 힘들고 중국 따돌리기도 힘들다는 말이 나올 만큼, 지금 한국은 헉헉대고 있다. 이럴 때일수록 국가가 여러 가지 전망과 대안을 제시하고 정책적으로 기업을 지원하는 등 많은 노력을 기울여야 한다.

그러나 이보다 더 중요한 것은 바로 작은 애국심이다. 조금이라도 나라를 사랑하는 마음이 있다면 나 혼자 잘 먹고 잘살겠다고 다른 나라에 기술을 팔아먹지는 않을 것이다. 기술 유출은 나라 전체의 미래를 내다 파는 것과 같다. 기술자의 기술은 그 혼자만의 것이 아니다. 그것은 국가의 자산이며 모든 국민의 양식이다.

중국 최대의 가전업체이며 월풀 다음으로 세계 2대 가전업체로 꼽히는 하이얼을 보자. 중국정부는 국영기업이던 하이얼을 개인에게 싼

값에 넘긴 후, 정책적으로 자금과 고급 인력 등을 꾸준히 지원해 주었다. 이에 힘입어 하이얼은 단기간에 전 세계 13개국에 해외공장을 세우게 되었고 160개국에 제품을 판매하는 등 세계에서 가장 빠른 성장 속도를 기록한 글로벌 기업으로 성장했다. 지금 그들의 자부심은 대단하다.

중국은 모든 사회적 비용이 다른 나라에 비해 저렴하다. 세계시장에서 경쟁력을 가질 수 있는 기본 조건을 갖추었다는 이야기다. 가전뿐만이 아니다. 중국의 철강이나 전자, 자동차 업계도 이와 같은 경쟁력을 바탕으로 세계 경제의 축으로 발돋움하고 있다.

실제로 중국 현장에서 사업을 하고 있는 나는 늘 안타깝고 조바심이 난다. 하루하루 격차를 좁혀 오고 있는 중국의 추격을 피부로 느끼기 때문이다. 중국뿐만이 아니다. 인도를 비롯한 아시아 국가들도 무서운 속도로 따라붙고 있다.

어쩌면 역사적 관점에서 볼 때 국가적으로 지금이 가장 중요한 시기일지도 모른다. 자칫 중국에 밀리고 인도에 밀리게 된다면 필리핀이나 아르헨티나의 전철을 밟지 않는다는 보장이 없기 때문이다.

이러한 중요한 시점에 반 기업 정서나 돈 있는 사람이 죄인시되는 사회 분위기가 팽배해진다면 우리나라의 성장동력은 힘을 잃게 될 것이다. 오히려 '기업하는 일이 애국하는 길'이라고 학생들에게 가르쳐야 미래가 있는 것이 아닐는지?

입에 오르내리는 대기업들의 일부 잘못 때문에 기업의 순기능 전체가 부정되어서는 안 된다. 사회 시스템에도 문제가 있는 것은 아닌가 생각해 봐야 할 일이다. 부정적인 부분들이 사회에 충격을 주지 않으면서 개선되어 갈 수 있도록 점진적으로 모두가 지혜를 모아 나가야 할 것이다.

지금과 같은 사회 분위기가 장기적으로 지속된다면 나중에는 모두 다 같이 휘청거릴 수밖에 없다. 10인분의 밥을 7명이 나눠 먹는다면 모두 만족스럽겠지만, 20명이 나눠 먹는다면 모두 불만을 갖게 될 것이다.

모든 사람을 만족시키려면 밥을 넉넉히 준비해야 한다. 삶의 기대치가 높아질수록 경제성장 규모도 그만큼 더 커져야 한다. 오늘날 우리 경제는 아직도 밥이 부족하다. 쌀 한 가마니 정도 비축해 두었으니 당분간 밥 걱정 안 해도 된다고 안심하거나, 남은 쌀로 술이나 빚어 먹자는 식이어서는 곤란하다. 일본이나 중국, 인도 등이 호시탐탐 우리 밥그릇을 넘보고 있음을 잊어서는 안 된다.

기업의 가치

삼성이나 현대자동차 같은 기업은 세계적 브랜드로서 그 위상이 대단히 높다. 한국은 잘 몰라도 삼성 휴대전화를 사용하는 외국인들은 꽤 많다. 그들은 곧 삼성이 한국 기업이라는 사실을 알게 될 것이고, 이처럼 IT기술과 디자인이 발전한 한국이라는 나라는 대체 어떤 나라일까 하는 의문을 갖게 될 것이다. 그러면서 덩달아 다른 한국제품에 대한 평가도 높아질 것이다. 삼성과 같은 대기업이 국가 이미지 제고에 기여하는 바는 실로 엄청나다.

오늘날 삼성은 어느 한 개인의 기업이 아니다. 대한민국 국민의 기업이다. 삼성이 만든 휴대전화 하나가 지난 세기 개발도상국이라는 한국의 이미지를 씻어 버리고 IT강국이라는 선진국의 이미지를 전 세계인들에게 심어 주었다.

이런 기업에 대한 국민들의 부정적 이미지가 확산되면, 그 피해는 고스란히 우리에게 돌아온다. 기업에도 이런저런 위기가 닥쳐온다. 아무리 뿌리가 튼튼한 나무라고 해도 자꾸 흔들다 보면 언젠가는 부러지게 되어 있다. 특정 기업에 대한 부정적 인식과 반대여론이 확산되면 어떻게 될까. 살아남아야 하는 기업의 생리를 감안할 때, 결국 해외에 둥지를 틀 수밖에 없다. 이때 야기되는 문제는 한두 가지가 아니다.

우선 많은 일자리가 사라진다. 기업은 해외에 나가 값싼 노동력의 현지인들을 고용하려 할 것이고, 땅을 빌려 준 외국 당국도 당연히 현지인 고용을 요구할 것이다. 그만큼 우리나라 젊은 일꾼들의 일자리가 줄어든다. 그런 이유로 여러 나라들이 우리나라의 대기업들을 유치하려 기를 쓰고 있다. 땅도 무상으로 빌려 주고 세금도 깎아 준다는 등 갖가지 혜택을 제시하기도 한다. 큰 기업 하나가 있으면 수많은 이익이 발생하기 때문이다. 그들은 고용 창출과 지역경제 활성화 등 부수적인 이익들이 훨씬 더 크다는 사실도 잘 알고 있다.

어린 학생들에게 반 기업 정서를 심어 주는 행태는 우리의 앞날을 더욱 어둡게 만들 것이고 그 피해자 또한 지금의 어린 학생들이 될 것이다.

기업하기 좋은 나라를 위해

ON&ON을 운영하면서 느낀 것이지만 지금은 우리 정부도 과거에 비해 많이 변했다는 생각이 든다. 시대가 변하면서 정부의 의식도 상당한 수준으로 선진화되고 있다. 하지만 아직까지는 경제 환경의 세계적 추세를 따라가지 못하고 있다. 기업하는 사람의 입장에서 보면 정말 그렇다.

근래에 특히 불편했던 것은 외국인의 출입국에 관한 문제였다. 국경 없는 시대에 기업을 하려면 자연스레 사업과 관련된 외국인들의 출입이 잦아지게 되고 우리 쪽 사람들도 해외에 나갈 일이 많아진다. 중국 현지화 준비를 위해 중국 직원들을 데려와 한국에서 연수를 받게 하려고 입국시키는 과정에서 나는 큰 어려움을 겪었다. 경우에 따라서는 교육기간이 1년이 넘어갈 수도 있어 출입국관리사무소에 문의해 보니 비자가 나오지 않는다고 했다. 이유를 물어보니 어떤 분야에서 10년 이상 일한 사람에게만 외국인 장기 비자를 내준다고 했다. 그만큼 경력이 우수한 사람이 들어와 기여할 수 있는 부분이 있다고 인정되는 경우에만 비자를 준다는 얘기였다.

나는 무척 난감했다. 우리가 교육해야 할 중국인들은 대부분 신참들이었다. 중국의 패션 역사가 짧아 쓸 만한 경험자도 많지 않거니와 우리 기업이 추구하는 이념이나 정신 또는 공동의 목표 등을 교육하려면 잠깐 다녀가는 정도로는 현지화가 어려웠다. 그들은 당연히 본사에 와서 처음부터 교육을 받아야 했다. 그래서 하는 수 없이 3개월 단위로 비자를 받아 중국인들을 입국시켰다. 그리고 지금도 3개월마다 비자를 갱신하고 있다. 과도한 시간과 경비의 낭비랄 수밖에 없다.

기업에 대한 부정적 시각을 긍정적 시각으로 바꾸어 정부가 기업들의 든든한 울타리가 되어 주기를 기대한다. 정부가 통제자에서 적극적인 협조자가 되어 주기를 바란다.

한 나라의 운명도 개인의 인생처럼 숱한 우여곡절과 흥망성쇠를 겪는다. 오늘 우리나라의 눈부신 경제발전은 선배들이 씨 뿌리고 거름 주고 키운 나무들의 과실(果實)이라고도 할 수 있다. 지난 세대가 노력한 덕분에 우리 세대가 풍요로움을 누리고 있는 것이다. 그렇다면 과연 우리 세대도 다음 세대를 위해 씨를 뿌리고 거름을 주고 있는지 돌아봐야 한다. 언제까지나 풍성한 수확을 보장해 주는 나무는 없기 때문이다.

기업인들이 기업하기 좋은 환경에서 정말로 열심히 일만 하는 것. 그것이 가능해진다면 한국 브랜드는 세계 속에서 그 빛을 발하고, 외국 기업들에 대해서도 경쟁력을 갖추게 될 것이다.

5

이 나라의 밝고 희망찬 미래를 위해

나는 어디에 살고 있는가? 대한민국에 살고 있다. 그러면 대한민국 국민으로서 어떻게 살아야 하는가? 최소한 이 나라의 오늘과 내일에 대해 애정 어린 걱정을 하며 살아야 하지 않겠는가?

얼마 전 병역의무와 관련, 이중국적을 정리하는 문제로 한동안 사회가 떠들썩했던 적이 있다. 국적이 두 개인 젊은이들에게 한쪽의 국적만을 선택하게 했을 때, 그들 중 대다수가 별 고민 없이 한국 국적을 포기했다고 한다. 물론 그들 중에는 어쩔 수 없이 대한민국 국적을 포기해야 했던 사람도 있을 것이다. 또 수백 번도 더 심사숙고하여 결정한 사람도 있을 것이다.

그러나 이미 우리가 알고 있듯, 오로지 국방의 의무가 싫어 국적을 포기하는 사람들도 많았다. 대한민국에서 태어나 대한민국이 주는 혜

택은 누리되, 의무는 이행하지 않겠다는 식의 발상은 얼마나 기막히고 이기적인가. 달면 삼키고 쓰면 뱉겠다는 심보 아닌가. 그것은 인간의 기본 도리를 저버리는 행위와도 같다.

불가(佛家)에 1겁(劫)이라는 세월 단위가 있다. 하늘나라 선녀가 백 년마다 한 번씩 내려와 가로 세로 높이가 각각 10리인 거대한 화강암 바위를 잠자리 날개 같은 옷으로 쓸고 지나가는데, 그 돌이 마침내 다 닳아 없어지는 세월이 1겁이라고 한다. 상상할 수 없을 만큼 기나긴 세월이다. 그런데 전생에 천겁을 같이해야 한 나라 안에서 태어나는 인연을 맺는다고 한다. 우리가 대한민국이라는 한 나라에서 태어나 같은 민족이 될 수 있었던 것은 실로 깊은 인연이 아닐 수 없다.

나만 잘살기보다 우리가 잘살아야 한다는 생각도 함께 나누면 얼마나 좋을까? 먼저 내 나라가 건강해야 한다. 생각해 보자. 일제강점기 때 조국 없는 백성이 아무리 돈이 있었다 한들 제대로 진정한 사람 대접 받을 수 있었던가?

뿌리를 아는 사람

지구촌 시대, 세계의 모든 장벽이 무너져 가는 요즘 같은 상황에 과연 조국이 무슨 의미가 있겠느냐고 반문하는 사람도 있을 것이다. 그러나 이런 때일수록 자신의 존재를 받쳐 줄 든든한 뿌리가 있어야 한다. 그 뿌리가 바로 태어난 고향이고, 조국이다.

뿌리를 기억하는 사람은 인생을 꾸려 가는 데 소홀함이 없다. 뿌리 없는 나무는 곧 시들어 버리고 말지만 뿌리가 튼튼한 나무는 거센 바람이 몰아쳐도 끄떡없다. 부모 없이 태어난 사람 없듯이 조국 없이 태어난 사람도 없다. 조국을 사랑하지 않는 것은 부모를 부정하는 것이나 마찬가지다.

　지난 2002년 월드컵 응원모습을 보면서 무척 놀랍고 또 기뻤다. 젊은이들의 그 하나된 모습, 그 열정이 우리들이 살고 자식들이 살고 또 손자들이 자자손손 살아가야 할 이 나라 사랑으로 연결될 수만 있다면, 분명 우리들의 미래는 밝고 희망찰 것이다.